LAROUSSE
Langues orientales

Lire et écrire le chinois

Elizabeth Scurfield et Song Lianyi
Charles Grether

LAROUSSE

Une publication du département des dictionnaires bilingues Larousse

Direction éditoriale :	Ralf Brockmeier
Direction de collection, Traduction et adaptation :	Cécile Desprairies
Lecture-vérification :	Emma Lemoine
Conseil à la structuration :	Aurélie Prissette
Conception graphique et mise en pages :	Nord Compo
Conception graphique de la couverture : Photo de couverture :	Stéphanie Roujol © Keren Su/CORBIS (n°SU005825)
Illustrations :	Lu Wenzhuo et Stéphane Faverdin (p. 37, 56, 62, 67 et 101)
Calligraphie :	Zhao Yizhou
Cartographie :	Krystyna Mazoyer (p. 64, 79 et 3e de couverture)

Iconographie : Il ne nous a malheureusement pas été possible de retrouver les ayant droits de certains documents iconographiques. Leurs droits leur sont réservés aux éditions Larousse.

Ce livre est dédié à Martina Weitsch, mon amie et partenaire, qui a vérifié tous les exercices, et nous a apporté ses précieux conseils.

Je le dédie également à Kelin, ma fille, pour qui j'ai écrit ce livre.

Nous souhaitons enfin remercier Rebecca Green et Virginia Catmur pour leur aide et leur soutien inestimables.

E.S.

Larousse, 21, rue du Montparnasse 75283 Paris Cedex 06
www.larousse-bilingues.com

ISBN : 2 03 540278-6

目录 – Sommaire

Sommaire

前言 – Introduction

Il existe de nombreux préjugés concernant l'écriture chinoise.

D'ailleurs, ne dit-on pas pour un texte que l'on n'arrive pas à déchiffrer : « C'est du chinois » ?
Ou bien : « Je suis incapable d'apprendre le chinois, c'est trop compliqué ! »
Ou encore : « Je ne pourrai jamais apprendre à écrire chinois car je dessine mal. »

À la lecture de ces pages, vous réaliserez que ces a priori ne sont pas justifiés quand on décide de se donner le temps nécessaire pour apprendre.
Si vous êtes persévérant(e), avec un minimum de mémoire visuelle et un peu de temps libre, vous pourrez apprendre et maîtriser l'écriture chinoise !

Grâce à des exemples concrets et pratiques, des illustrations tirées de la vie courante, vous partirez à la rencontre de l'une des plus anciennes langues du monde, qui est le meilleur passeport pour découvrir la culture chinoise.

Ce livre vous propose d'apprendre l'écriture chinoise de façon originale.
Nous commencerons par étudier ses origines pour comprendre la formation et l'évolution des caractères chinois.
Vous apprendrez ensuite à tracer ces caractères pour former des mots.
Des activités soigneusement préparées vous permettront de lire et de comprendre un grand nombre de panneaux et d'enseignes, d'indications et de signes, utiles pour vous repérer et vous orienter dans le monde chinois.

La logique de cet apprentissage développera vos sens du raisonnement et de l'intuition. Vous serez très vite surpris(e) par la rapidité de vos progrès.

Cette méthode est ludique et vous permet d'appréhender des situations concrètes et thématiques telles que la lecture d'une carte de restaurant.

Nous espérons que vous aurez plaisir à nous suivre et que la passion du chinois récompensera vos longues heures d'effort !

Vous apprendrez les caractères dans leur forme simplifiée. Cette écriture est utilisée en Chine, à Singapour et de plus en plus à travers le monde.
Quelques caractères seront également présentés sous leur forme non simplifiée, qui est toujours celle en vigueur à Taiwan et à Hong-Kong.

Présentation de la méthode

Au fil des activités, vous pourrez écrire vos réponses directement sur le livre. Toutefois, nous vous recommandons d'avoir toujours près de vous un petit carnet pour prendre des notes, vous entraîner à écrire des caractères ou synthétiser les notions étudiées.

Cette méthode se compose de trois grandes parties.
Les quatre premiers chapitres vous présentent les origines de l'écriture chinoise, la formation des caractères et les règles pour les tracer, puis la formation des mots. Un premier test à l'issue du chapitre 4 vous permet d'évaluer vos progrès.

Cinq chapitres poursuivent l'apprentissage en vous mettant face à des situations très concrètes : lire un panneau ou une enseigne, comprendre une interdiction, étudier un plan ou déchiffrer une carte de restaurant. Vous serez capable d'écrire un nombre, une date, d'exprimer l'heure et de remplir un formulaire.
Un second test, à l'issue du chapitre 9, vous permet de contrôler vos connaissances.

Le dernier chapitre vous permet de comprendre le fonctionnement d'un dictionnaire chinois-français pour chercher la signification de n'importe quel caractère. Vous découvrirez concrètement comment écrire le chinois sur un traitement de texte, enfin vous aurez un aperçu de la subtilité des expressions proverbiales chinoises.

Les contributeurs

Elizabeth Scurfield, diplômée de la School of Oriental and African Studies de Londres, possède plus de trente ans d'expérience dans l'enseignement du chinois. Elle a créé le département de chinois de l'université de Westminster.

Song Lianyi est né et a grandi à Pékin. Il a enseigné le chinois en tant que « langue étrangère » pendant plus de treize ans. Il enseigne actuellement dans le supérieur.
M. Song est titulaire d'un doctorat en didactique des langues, obtenu à l'université de Londres.

Charles Grether a 30 ans et déjà à son actif cinq ans d'activités commerciales et culturelles avec la Chine. Sa passion est de contribuer à décrypter cet « empire des signes » qu'est le chinois.
Avec son épouse Chen Ting, ils travaillent et partagent leur vie entre Pékin et Paris.

第一课 – Chapitre 1

Les origines de l'écriture

Dans ce chapitre

- Vous découvrirez à quoi ressemblaient les premiers caractères.
- Vous apprendrez l'évolution des caractères depuis leur origine.
- Vous serez capable de maîtriser dix caractères fondamentaux.

Introduction

De nombreux peuples de l'antiquité, comme les Chinois, écrivaient avec des symboles. Les symboles les plus célèbres sont sans doute les hiéroglyphes égyptiens, gravés sur de la pierre ou écrits sur du papyrus. À l'origine, toutes les écritures connues de l'humanité avaient un point commun : elles étaient composées de signes figuratifs, dont beaucoup étaient semblables d'une langue à l'autre.

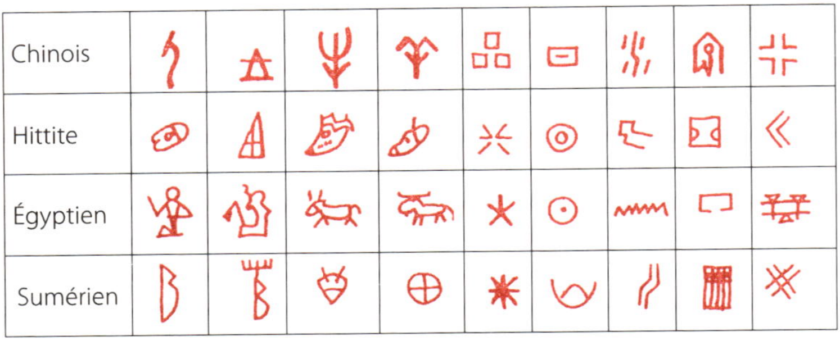

On peut toutefois observer quelques différences.

Regardez, par exemple, deux des signes représentant l'eau (troisième colonne à partir de la droite) : le signe égyptien semble représenter de l'eau calme, alors que le signe chinois indique un fleuve au cours sinueux sortant de son lit – précisément comme le fleuve Jaune, connu pour être le berceau de la civilisation chinoise.

Aujourd'hui, nous utilisons toujours des signes et des symboles, comme une sorte de langage universel nous permettant de franchir la barrière des langues, à un niveau élémentaire, certes, mais fondamental.

Activité 1

Que signifient les signes suivants ?

a. .... b. .... c. .... d. .... e. .... f. .... g. ....

On a découvert les premiers exemples d'écriture chinoise sur des fragments d'os et des carapaces de tortue, utilisés lors de pratiques divinatoires pendant la dynastie Shang (v.1500–1066 av. J.-C). On a trouvé 2 500 caractères différents dont seulement 600 ont été identifiés à ce jour. Leur nombre initial devait être beaucoup plus important.

Les caractères ci-dessus ont été découverts sur des os utilisés lors de pratiques divinatoires. Ils sont très différents de l'écriture actuelle.

En Chine, la première étape dans l'élaboration de la langue écrite a consisté en l'utilisation de dessins figuratifs – ou pictogrammes – pour représenter des objets. Environ 10 % des caractères utilisés dans la langue actuelle proviennent de ces pictogrammes.

En voici quelques exemples, présentant l'évolution de certains caractères jusqu'aux formes actuelles. La forme première du caractère est à gauche, celle utilisée aujourd'hui (manuscrite) est tout à fait à droite.

Évolution de certains caractères	Pinyin	Signification
	rì	soleil
	yuè	lune
	rén	homme, être humain
	mù	bois ou arbre

Vérifiez la prononciation de la transcription pinyin dans le Guide de prononciation, p. 157. Ce n'est pas la même qu'en français !

Activité 2

Faites correspondre les objets stylisés de la colonne 1 avec les formes anciennes de pictogrammes des colonnes 2 et 3, et la forme actuelle (imprimée) de la colonne 4. Les caractères simplifiés sont entre parenthèses (voir la rubrique « Simplification et romanisation », p. 11).

Indiquez vos réponses dans la dernière colonne. Exemple : 1A–2B–3C–4D (attention ! cet exemple n'est pas forcément juste).

Enfin, vérifiez vos réponses dans les Corrigés, p. 141.

	1	2	3	4	1 2 3
A				車(车)	E B D 4A
B				馬(马)	A C E 4B
C				魚(鱼)	D A F 4C
D				雨	C E B 4D
E				山	B F C 4E
F				子	F D A 4F

Pourquoi l'ancien système d'écriture chinois a-t-il survécu, à la différence de celui des Égyptiens, des Hittites ou des Sumériens ? L'une des principales raisons est sans doute que la Chine a été unifiée à une période très reculée de l'histoire par Qin Shi Huangdi, premier empereur de la dynastie Qin (221–207 av. J.-C), et qu'elle l'est toujours restée, à la différence, par exemple, de l'Empire romain. C'est également sous le règne de Qin Shi Huangdi que l'on a unifié l'écriture chinoise.

Comme certains d'entre vous le savent, le chinois comporte de nombreuses formes parlées différentes selon les régions, appelées dialectes, mais le système d'écriture est commun à tous, si bien que tous les Chinois sachant lire et écrire peuvent lire les mêmes journaux et les mêmes livres.

Dès la dynastie Tang (618–907 ap. J.-C), des étudiants japonais sont venus en Chine. Lorsqu'ils ont commencé à prendre des notes, ils ont emprunté certains caractères chinois, qui sont encore employés en japonais contemporain et sont désignés sous le terme de « kanji ». Les Coréens ont fait de même, bien que le coréen contemporain ne comporte plus aucun caractère chinois.

Activité 3

Regardez si vous pouvez essayer de comprendre ce que signifient les caractères ci-dessous. Ne vous découragez pas si vous n'y arrivez pas, vous pouvez toujours vérifier vos réponses dans les Corrigés.

1. 月 lune
2. 木 bois
3. 山 montagne
4. 雨 pluie
5. 日 soleil
6. 鱼 poisson
7. 马 cheval
8. 车 auto
9. 子 enfant
10. 人 homme

Simplification et romanisation

Les caractères chinois simplifiés ont été introduits, en République populaire de Chine, après 1949. L'objectif était de permettre à la population, en grande partie illettrée, d'apprendre plus facilement les caractères.

Bien que Mao Zedong ait préconisé l'usage de la romanisation, au début des années 1950, pour remplacer les caractères, celle-ci n'a eu qu'une importance relative. La romanisation ou pinyin (transcription des sons chinois en caractères latins) est surtout adoptée pour des noms de marques, de sociétés, pour des enseignes et des panneaux de signalisation, où elle apparaît au-dessus ou au-dessous des caractères chinois.

第二课 – Chapitre 2

La formation des caractères

Dans ce chapitre

- Vous découvrirez ce que sont les clés.
- Vous apprendrez les différentes manières dont sont composés les caractères.
- Enfin, vous serez capable de maîtriser plus de trente nouveaux caractères ou clés.

Introduction

Dans le chapitre 1, nous avons étudié comment les caractères ont évolué, de dessins figuratifs jusqu'à leurs formes actuelles.
Si évocateurs que ces dessins puissent être, ils ne le sont toutefois pas suffisamment pour exprimer des concepts ou des idées plus complexes et surtout plus abstraites.
Ainsi, au fil du temps, on a donc développé ou combiné ces pictogrammes pour former des idéogrammes.

- « Deux hommes » 从 en haut du caractère « terre » 土 signifie depuis des temps très reculés « s'asseoir » ou 坐.
- Une « femme » 女 avec un « enfant » 子 auprès d'elle signifie « bon » ou 好.
- Un « cochon » 豕 sous un « toit » 宀 signifie « famille », « maison » ou 家, etc.

Essayez de trouver ce qu'expriment ces idéogrammes très anciens, en faisant l'activité suivante.

Activité 1

Indiquez la signification des caractères ou idéogrammes ci-dessous. Nous vous avons présenté certains éléments constitutifs de ces caractères au chapitre 1. La majeure partie de ces éléments ont une signification propre.

Caractère		Élément et sa signification		Élément et sa signification	Signification du caractère
囚	=	人 homme, être humain	+	口 enceinte, enclos	prisonnier
明	=	日 soleil	+	月 lune	lumineux
坐	=	人 homme, être humain	+	土 terre	s'assoir
休	=	人 homme, être humain	+	木 arbre	se reposer
男	=	田 champ	+	力 force	masculin

On remarquera que, combiné avec d'autres éléments, 人 devient 亻 quand il est situé dans la partie gauche du caractère.

Voyons à présent si vous avez correctement compris la signification de ces caractères.
- Une « personne » dans un « enclos » est un « prisonnier ».
- « Soleil » et « lune », ensemble, signifient « clair » ou « lumineux ».
- Tel que nous venons de le voir, « deux hommes » « sur la terre » signifie « s'asseoir ».

- Quand un « homme » est contre un « arbre », il « se repose ».
- La « force », dans le « champ », vient du caractère « masculin ».

Cela vous paraît-il logique ?

Les caractères ci-dessous sont composés de la même manière que ceux présentés dans l'activité 1. Voyons si vous réussissez à trouver leur signification. Souvenez-vous que ces caractères ont été formés il y a fort longtemps. Les concepts d'alors ne sont peut-être plus ceux d'aujourd'hui.

Par exemple, pourquoi est-il « bon » d'avoir un enfant ? Parce que, dans la société traditionnelle chinoise, comme dans beaucoup d'autres, la naissance d'un enfant – et plus particulièrement celle d'un enfant de sexe masculin – était indispensable pour perpétuer la lignée et rendre le culte aux ancêtres. De plus, les enfants étaient – et sont toujours – sollicités pour travailler dans les champs, en particulier dans les rizières, lieux de main-d'œuvre importante.

Activité 2

Indiquez la signification des caractères suivants.

Caractère		Élément et sa signification		Élément et sa signification	Signification du caractère
信	=	人 homme, être humain	+	言 parole, mot(s)	lettre
鲜	=	鱼 poisson	+	羊 mouton	frais
安	=	宀 toit	+	女 femme	paix

- Les mots d'un homme communiquent un « message », ou peuvent être transmis par écrit dans une « lettre ».
- Le poisson et la viande de mouton doivent être consommés quand ils sont « frais ».
- Quand une femme se met en couple, elle pourra fonder une famille, symbole de « stabilité », d'où la signification de « paix », « calme ».

Avez-vous trouvé les bonnes réponses ? Si oui, bravo !

Sinon, ce n'est pas surprenant, à ce stade. Ces significations peuvent paraître obscures pour l'apprenant(e) que vous êtes, mais elles nous renseignent beaucoup sur les valeurs traditionnelles chinoises, telles que l'importance de la famille ou la naissance d'un fils.

Chapitre 2

Cependant, la formation des mots ne consiste pas seulement en la combinaison de deux pictogrammes. Cette méthode seule n'aurait pas été suffisante pour former de nouveaux caractères, véhiculant toutes les idées et concepts d'une langue élaborée.

Une autre façon de former de nouveaux caractères, postérieure à la dynastie Shang (v.1500 - 1066 av. J.-C), est donc l'emploi du phonogramme. Celui-ci est composé de deux éléments, l'un habituellement appelé « clé » et l'autre « phonétique », le second donnant une indication sur la façon de prononcer le caractère.

Qu'est-ce qu'une clé ?

Une clé est un élément du caractère. Celle-ci donne parfois une indication sur la signification du caractère tout entier.

De la même façon que le radical grec « phil » indique un mot se rapportant à la notion d'« amitié » (au sens large) – la **phil**anthropie est l'amour de l'humanité, un **phil**osophe est l'ami de la sagesse, etc. , de même quand un(e) Chinois(e) lit un caractère avec la clé du « cœur », écrite 心 ou 忄 selon sa position, il(elle) peut supposer que ce caractère se rapporte à la notion de « sentiment ».

Par exemple :
• 愛 signifie « amour », « aimer » ;
• 恨 signifie « haine », « haïr » ;
• 怕 signifie « craindre », « avoir peur ».

Chaque caractère possède au moins une clé, et certains caractères sont constitués exclusivement par des clés. Cependant, dans ce cas, l'une des clés, au moins, fait fonction d'élément phonétique.

Étudions le caractère 想 qui signifie « avoir envie de » ou « penser à » (une personne ou une chose), ou simplement « penser ». Celui-ci est constitué de la clé du « cœur » 心 et de deux autres clés : 木 « bois » ou « arbre » et 目 « œil ». Cependant, dans le cas présent, 木 et 目 placés ensemble 相 sont prononcés xiāng et fournissent l'élément phonétique du caractère 想.

Un autre exemple est le caractère 江 jiāng « fleuve », composé de la clé de l'« eau » 氵 et de la clé gōng 工 signifiant « travail ». D'après la signification du caractère – « fleuve », 工 est manifestement l'élément phonétique, mais il ne nous est d'aucune utilité, le son étant tout à fait différent.

Comme vous pouvez le constater, les clés en chinois ne sont pas équivalentes aux lettres de l'alphabet. Chaque clé a sa signification particulière, mais n'aide pas toujours à saisir la signification du caractère en entier.

Par exemple, si la clé d'un caractère est un point 丶, un trait horizontal 一 ou vertical 丨, cela nous permet de trouver ce caractère dans un dictionnaire mais ne nous donne pas sa signification.

Vous trouverez ci-dessous une liste de clés composées d'un ou de deux traits. Ces clés n'ont pas nécessairement de signification. Vous trouverez une liste récapitulative des clés en fin de chapitre avec leur signification.

Vous trouverez également un Index des clés, p. 163.

丶	一	丨	丿	乛	乙	𠃌	乚	几
厂	匚	卜	冂	⺁	乂	勹	凵	厶

On dénombre 190 à 230 clés dans l'écriture chinoise. Un tel écart s'explique par la façon de regrouper certaines clés, et de la prise en compte ou non des clés les plus compliquées.

On trouve généralement dans tout dictionnaire de chinois une liste préliminaire des clés, d'après laquelle sont fondés tous les caractères. Au chapitre 10, nous vous indiquons comment rechercher un caractère dans un dictionnaire à partir d'une clé.

Comment sont formés les caractères ?

Il existe plusieurs manières de former des caractères. Les exemples des activités 1 et 2 constituent la forme la plus courante : combiner les significations de deux clés pour donner un sens nouveau. Nous vous proposons ci-dessous quelques exemples constitués par la combinaison d'au moins deux clés.

Clé + clé

Clé et sa signification		Clé et sa signification		Caractère et sa signification
竹 bambou	+	毛 poil	=	笔 pinceau d'écriture chinois
言 parole	+	舌 langue	=	话 mot(s), parole ; parler
小 petit	+	大 grand	=	尖 aigu, pointu
日 soleil	+	月 lune	=	明 clair, lumineux

On remarquera que 言 devient 讠 quand cet élément a fonction de clé dans la partie gauche d'un caractère simplifié, et que 竹 devient ⺮ quand cet élément a fonction de clé en haut d'un caractère.

Comme vous l'avez sans doute remarqué, la position d'une clé varie dans un caractère. La clé peut être située dans la partie gauche ou dans la partie droite, ou bien encore en haut ou en bas du caractère. Elle peut aussi être située à l'intérieur ou à l'extérieur de ce caractère.

Il est important de savoir repérer et identifier cette clé dans un caractère afin de pouvoir rechercher le caractère dans un dictionnaire, comme vous le verrez par la suite. La position précise de la clé n'a en principe aucun rapport avec la signification ou l'interprétation du caractère.

• La clé du bambou 竹, par exemple, se rencontre toujours en haut d'un caractère lorsqu'elle est sous la forme ⺮, tout comme la clé de l'herbe 草 lorsqu'elle est sous la forme 艹.

• Le feu 火 peut se trouver dans la partie gauche d'un caractère sous la forme 火, ou en bas d'un caractère sous la forme 灬.

• La parole 言 apparaît dans la partie gauche d'un caractère et s'écrit 讠 quand elle est simplifiée.

Activité 3

Vous savez que 人 signifie « homme, être humain », que 木 signifie « arbre » ou « bois », et que 火 signifie « feu ». Que signifient, selon vous, les caractères suivants ?

Clé		Clé		Clé		Caractère	Signification
人	+	人			=	从	....
人	+	人	+	人	=	众	....
木	+	木			=	林	....
木	+	木	+	木	=	森	....
火	+	火			=	炎	....
火	+	火	+	火	=	焱	....

从 et 众 sont des caractères simplifiés. La façon de former ces caractères reste cependant identique.

Dans certaines combinaisons, telles que celles présentées ci-dessus, la signification est très claire pour les Occidentaux (surtout quand elle a été donnée !), mais elle reste obscure dans d'autres combinaisons. Il est important de savoir qu'il n'y a pas de logique constante et inhérente à la formation des caractères chinois. Nous pouvons retracer la généalogie de certains caractères depuis leur forme la plus ancienne, mais il n'existe aucune méthodologie valable pour tous.

De plus, les concepts ont évolué. Aujourd'hui, les cochons 豕 sont rarement gardés sous le même toit que leurs propriétaires, mais 家 « cochon sous un toit » signifie toujours « famille », « maison » !

De même, les villages sont rarement construits en bois de nos jours, mais 村 « village » a toujours 木 « bois » ou « arbre » pour clé.

Vous vous posez sans doute la question suivante : comment prononcer ces caractères ? La réponse est que nous ne le savons pas, du moins pas de façon certaine la plupart du temps.

À la différence des langues dont les lettres de l'alphabet servent à la transcription des sons, les caractères chinois n'indiquent pas directement la prononciation.

Toutefois, nous vous invitons à vous reporter au Guide de prononciation, p. 157.

Clé + phonétique

Nous avons vu précédemment comment les Chinois ont augmenté leur vocabulaire écrit en combinant deux pictogrammes ou deux clés.

Nous avons également vu qu'il existe une deuxième méthode pour former un caractère consistant en la combinaison « clé » + « phonétique » = « phonogramme ».

Les exemples qui suivent sont composés de deux parties : une clé porteuse de signification, et un élément phonétique.

Ces éléments phonétiques ont en soi une signification et ils peuvent éventuellement constituer une clé, mais ils servent, avant tout, à indiquer un son.

Dans les exemples suivants, l'élément phonétique indique bien le son du caractère en entier, mais cela constitue davantage l'exception que la règle.

Dans la plupart des cas, les caractères comportant le même élément phonétique sont prononcés de façon différente et, le plus souvent, à un ton différent.

Il existe quatre tons en chinois contemporain – ou chinois mandarin, langue officielle de la Chine – et sept en cantonais. Nous avons adopté pour référence le chinois mandarin, compris par environ les deux tiers de la population chinoise.

Vous remarquerez les éléments suivants dans les exemples ci-dessous :

• Les caractères « loin » et « jardin » ont en commun le même élément phonétique. Ces caractères se ressemblent, bien que l'un soit au deuxième ton, indiqué par ´ , et que l'autre soit au troisième ton, indiqué par ˇ .

• Les caractères « accompagner » et « mélanger » partagent également le même élément phonétique ou sonore, mais se prononcent exactement de la même façon, au quatrième ton, indiqué par ` .

Caractère	Pinyin	Signification		Clé et sa signification		Phoné-tique
远	yuǎn	loin	=	辶 marche	+	元 yuán
碗	wǎn	bol	=	石 pierre	+	宛 wǎn
们	men	terminaison des pronoms personnels pluriels	=	人 homme	+	门 mén
伴	bàn	accompagner	=	人 homme	+	半 bàn
拌	bàn	mélanger	=	扌 main	+	半 bàn
订	dìng	réserver	=	言 parole	+	丁 dīng
钉	dīng	clou	=	钅 métal	+	丁 dīng
锈	xiù	rouille	=	钅 métal	+	秀 xiù
吐	tǔ	cracher	=	口 bouche	+	土 tǔ
园	yuán	jardin	=	囗 enceinte, enclos	+	元 yuán
房	fáng	maison, chambre	=	户 foyer, famille	+	方 fāng
骑	qí	monter (à cheval)	=	马 cheval	+	奇 qí

Si vous observez attentivement la position des clés dans les caractères présentés ci-dessus et en vous aidant de ceux que vous avez étudiés depuis le début de ce chapitre, vous devriez réussir à faire les deux activités suivantes.

Activité 4

Il manque la clé des caractères suivants.

Elle est indiquée dans la première colonne, mais où doit-elle être placée dans chacune des colonnes de droite ?

• en haut • en bas • dans la partie gauche • dans la partie droite des caractères

	Clé	Signification	Caractère (sans clé) et sa signification		
1.	马	cheval	累 mulet	户 âne	句 poney
2.	艹	herbe	化 fleur	早 herbe	牙 pousses
3.	钅	métal	冈 acier	秀 rouille	令 clochette
4.	辶	marche	兆 s'échapper	寸 passer	万 enjamber

Activité 5

Trouvez le bon caractère puis entourez-le.

1. frapper a. 仃 b. 打 c. 订
2. fourneau a. 灶 b. 杜 c. 吐
3. mépriser a. 饥 b. 机 c. 讥
4. neige a. 雪 b. 扫 c. 灵

Récapitulons à présent les clés étudiées dans ces deux premiers chapitres.

D'autres clés seront présentées dans les chapitres 3 à 5.

Vous en trouverez, enfin, une liste récapitulative dans l'Index des clés, p. 163.

Clé	Signification	Clé	Signification
车	véhicule	大	grand
宀	toit	子	enfant
雨	pluie	力	force
田	champ	日	soleil
石	pierre	月	lune
辶	marche	舌	langue
豕	cochon	囗	enceinte, enclos
户	foyer, famille	口	bouche
山	montagne	水 氵	eau
木	arbre, bois	人 亻	homme
毛	poil	心 忄	cœur
土	terre	言 讠	parole
羊	mouton	草 艹	herbe
女	femme	火 灬	feu
小	petit	竹 ⺮	bambou
马	cheval	手 扌	main
工	travail	金 钅	or, métal
鱼	poisson		

Activité 6

Pouvez-vous reconnaître les caractères correspondant aux descriptions suivantes, puis indiquer leur signification ? Un exemple vous est donné.

1. un œil, avec de l'eau	a. 林 ....
2. deux arbres l'un à côté de l'autre	b. 灾 ....
3. le bambou, avec le poil en-dessous	c. 囚 ....
4. un homme dans un enclos	d. 从 **suivre**
5. le feu sous le toit	e. 泪 ....
6. deux hommes l'un à côté de l'autre → d.	f. 笔 ....

Activité 7

Pouvez-vous indiquer la signification des caractères suivants, grâce à leur clé ? Un exemple vous est encore donné. Consultez ci-dessus la liste des clés pour vous aider.

1. 墙	a. lancer	5. 吻	a. elle
2. 扔	b. mur	6. 椅	b. doux, chaud
3. 怕 → d.	c. sueur	7. 暖	c. baiser
4. 汗	**d. crainte, peur**	8. 她	d. chaise

第三课 – Chapitre 3

Tracer les caractères

Dans ce chapitre

- Vous découvrirez quelques traits de base.
- Vous apprendrez comment tracer un caractère en respectant l'ordre des traits.
- Vous serez enfin capable de maîtriser plus de dix nouveaux caractères ou clés.

Introduction

À vous maintenant d'écrire des caractères chinois ! Pour commencer, il existe des règles de base que vous devez maîtriser. Ces règles sont importantes à retenir pour bien tracer les caractères et les mémoriser. Les caractères doivent toujours être tracés de la même façon.

Nous avons vu dans le chapitre 2, p. 17, que la plupart des caractères sont composés d'au moins deux éléments.

Nous avons vu également que certains de ces éléments, tels que 月 yuè « lune » ou 日 rì « soleil », peuvent exister de façon indépendante.

Bien que le nombre total de caractères chinois soit très élevé, le nombre d'éléments qui les composent est assez restreint.

De plus, ces éléments comportent un nombre limité de traits de base que nous vous présentons ci-dessous.

Les traits de base

Trait	Pinyin	Nom
丶	diǎn	point
一	héng	horizontal
丨	shù	vertical
丿	piě	courbe à gauche
㇏	nà	courbe à droite
㇀	tí	relevé
亅㇄㇂㇃	gōu	crochet
㇕㇖	zhé	tournant

D'une certaine façon, tous ces traits ressemblent à des segments de ligne droite. Traditionnellement, ils étaient tracés au pinceau et à l'encre de Chine.

On trace généralement les traits de haut en bas, et de gauche à droite.

Dans les traits de base ci-dessous, les flèches indiquent la direction prise par chaque trait dans le tracé d'un caractère.

Les règles d'écriture

Tous les caractères chinois, ainsi que leurs éléments, sont formés de traits qui s'écrivent selon un ordre précis, en respectant les règles suivantes :

Exemple	Ordre des traits	Règles d'écriture
十	一 十	Horizontal puis vertical
人	丿 人	Courbe à gauche, puis courbe à droite
三	一 二 三	De haut en bas
州	丶 ⺌ ⺌ 州 州 州	De gauche à droite
月	丿 冂 月 月	L'extérieur puis l'intérieur
四	丨 冂 叩 四 四	L'intérieur puis la fermeture
小	亅 小 小	Le milieu avant les côtés

Prenons la liste des clés du chapitre 2, p. 21, pour nous permettre de reconnaître certains de ces traits de base.

La clé 工 est constituée de deux traits horizontaux et d'un trait vertical. La règle est de tracer d'abord l'horizontal, puis le vertical, enfin le second horizontal. Nous écrivons de haut en bas.

Remarque

Les traits horizontaux doivent toujours être écrits de gauche à droite, c'est-à-dire →.

• 小 est un caractère symétrique. On écrit d'abord le trait du milieu, puis les deux côtés, de gauche à droite.

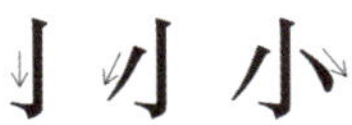

• 土 s'écrit avec des traits : horizontal puis vertical, de haut en bas.

• 口 est un caractère intéressant à étudier. Quand nous écrivons l'équivalent d'un cadre, cette partie-ci du cadre ㇕ est faite en un seul trait, mais cette partie-là ㄴ est faite en deux traits. Cette règle remonte à l'utilisation traditionnelle du pinceau, dont l'encre de Chine ne devait pas goutter, et à des critères esthétiques liés à la calligraphie. C'est pourquoi 口 est écrit de la façon suivante.

Dans la pratique, le tracé des traits respecte toujours les mêmes règles : de haut en bas, puis de gauche à droite.

• 日 est très semblable dans son ordre des traits mais suit également la règle « l'intérieur puis la fermeture».

• 月 suit la règle « l'extérieur puis l'intérieur ».

Activité 1

Trouvez l'ordre des traits des huit caractères suivants, puis écrivez-les.

Écrire des caractères de petite taille demande un certain entraînement, aussi nous vous conseillons, pour commencer, d'utiliser une feuille séparée.

1. 人 .... 人
2. 田 .... 田
3. 大 .... 大
4. 木 .... 木
5. 钅 .... 钅
6. 山 .... 山
7. 忄 .... 忄 ou 心 .... 心
8. 言 .... 言

Avez-vous répondu correctement ? Vérifiez vos réponses dans les Corrigés.

Nous allons vous aider à écrire les caractères suivants afin d'être sûrs que vous avez compris l'ordre des traits.

• 車 suit les règles d'écriture « horizontal puis vertical » et « de haut en bas », mais il existe encore une notion à retenir : quand un trait vertical traverse un ou plusieurs traits horizontaux, celui-ci est tracé en dernier.

À ce propos, 車 est un caractère traditionnel (non simplifié), le caractère simplifié étant 车. Il est en effet plus simple – qu'en pensez-vous?

• 羊 suit également cette règle :

• 毛 et 舌 commencent par le même trait ノ , qui était le deuxième trait dans 羊, présenté ci-dessus.

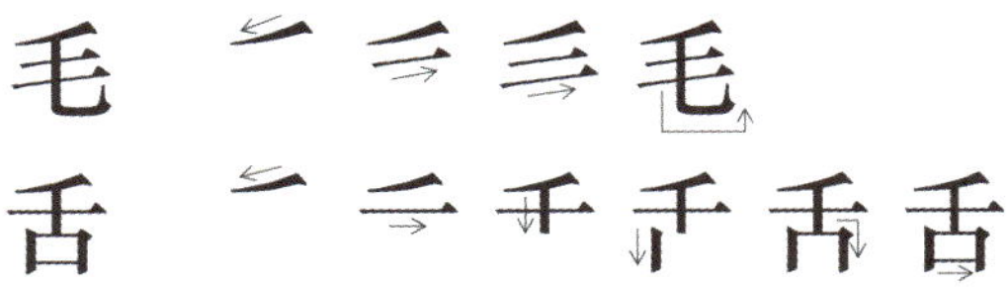

• 力 est écrit 𠃌 力.

• 女 est un caractère intéressant à étudier. À l'origine, il évoque le dessin d'une femme dans une position traditionnelle et respectueuse, avec les bras croisés sur le ventre :

• 子, dont nous avons vu la formation dans le chapitre 1, p. 10, est écrit de la façon suivante : ㇇ 了 子.
Quand il a la fonction de clé dans la partie gauche, le dernier trait n'est pas horizontal mais relevé.
Ces deux traits s'écrivent toutefois dans le même sens – de gauche à droite.

• 扌 est composé de ces deux mêmes traits.

Chapitre 3

Essayez vous-même de tracer les six caractères suivants. Chaque ligne représente un trait. Ils sont un peu plus compliqués que ceux que vous avez tracés jusqu'à présent, aussi nous vous aidons un peu de temps à autre.

雨 ___ ___ ___ ___ ___ 帀 ___ 雨
鱼 丿 ⺈ ___ ___ ___ ___ ___ 鱼

• ⺈ est, en réalité, la clé 刀 dāo « couteau », plus petite et plus stylisée lorsqu'elle apparaît en haut d'un caractère.

宀 ___ ___ 宀
豕 ___ ___ 丆 ___ ___ ___ 豕
竹 ___ ___ ___ ___ ___ 竹
马 ___ 马 马 ㇇ est écrit en un trait, comme ㄣ

• ⺮ s'écrit 竹 seulement quand il signifie « bambou », mais il est écrit ⺮ en tant que clé ou élément constitutif d'autres caractères – ce qui est heureusement beaucoup plus simple !

• La clé de l'« herbe » suit le même modèle. Elle s'écrit 草 lorsqu'elle est seule et signifie « herbe », mais elle s'écrit 艹 (一 十 艹) lorsqu'elle a fonction de clé.

Vous avez peut-être besoin d'aide pour les derniers :

• 火 peut être écrit 丶 丷 少 火 (règle de gauche à droite), ou 丶 丶 丷 少 火 (règle de haut en bas).

• 灬 est, bien sûr, écrit 丶 ⺀ 灬 灬 .

• 辶 compte trois traits : 丶 讠 辶 et s'écrit toujours en dernier, quelle que soit sa place dans le caractère. C'est sans doute parce que son dernier trait se termine tout en bas du caractère.

Activité 2

Faisons encore quelques activités concernant les traits de base que vous venez d'étudier.

Cinq traits de base sont présentés dans la première colonne du tableau ci-dessous. Chaque trait est un élément constitutif des caractères de la même ligne. Entourez ce trait dans chaque caractère. Un exemple vous est donné.

亅	小	材	少	尘	你
丶	心	言	家	米	兴
㇀	打	河	冰	牲	跑
丿	力	长	火	户	石
一	大	舌	草	鱼	马

Chaque caractère occupe exactement le même espace : un carré imaginaire, dans des proportions bien établies. Pour pouvoir tracer des caractères bien proportionnés et bien équilibrés, les enfants chinois apprennent à écrire sur du papier quadrillé.

Vous pouvez utiliser la p. 38 à cet effet, si vous le souhaitez. Vous pouvez aussi la photocopier, agrandir ou diminuer la taille des carrés.

D'autres techniques vous aideront à perfectionner votre écriture :

i S'entraîner à mieux écrire

• Écrivez des caractères gros ou petits, afin de mieux percevoir leur proportion et leur équilibre. Utilisez pour cela du papier à carreaux de différentes tailles.

• Tracez rapidement des caractères, pour acquérir de la confiance et de la dextérité. Essayez d'en écrire le plus possible pendant trois minutes, par exemple, puis recommencez cet exercice après deux semaines de pratique, pour mesurer vos progrès.

Chapitre 3

Activité 3

Maintenant que vous avez appris les règles de base concernant l'ordre des traits, comment allez-vous tracer les caractères suivants ?

Exemple : 水 

	Caractère	Ordre des traits					Caractère
1.	月	....	....	....			月
2.	牛	....	....	....			牛
3.	户	....	....	....			户
4.	穴	....	....	....	....		穴
5.	当	....	....	....	....	....	当
6.	米	....	....	....	....	....	米

Chaque caractère chinois occupe non seulement le même espace – que le tracé du caractère soit simple, comme 日 rì, ou plus compliqué, comme 碗 wǎn – mais il doit encore avoir de justes proportions. (Par référence à l'esthétique plus qu'à la géométrie !)

Retenez, par exemple, que les éléments constitutifs d'un caractère doivent être, en principe, de la même taille. Les éléments devront ainsi se situer au même niveau, en haut et en bas du caractère, s'ils sont placés l'un à côté de l'autre.

Il existe néanmoins de nombreuses exceptions à ce principe.

Dans la partie gauche d'un caractère, la clé 口 kǒu « bouche » – qui ressemble à une petite enceinte 口 – est généralement un peu plus en bas que l'élément situé à droite, pour des raisons esthétiques. En effet, 吃 « manger » serait disgracieux s'il était écrit  ou bien même  .

Activité 4

Chacun des six caractères ci-dessous est présenté par paire, et chacun est écrit différemment.

Entourez, pour chaque paire, le caractère qui vous semble écrit correctement.

A a B b C c

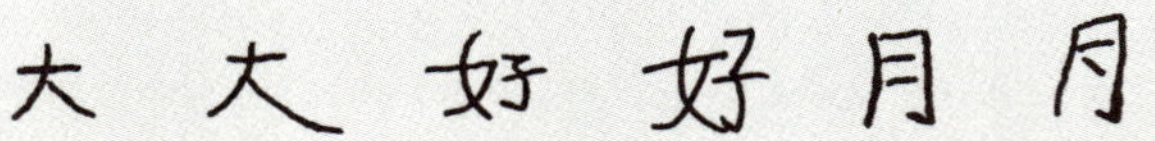

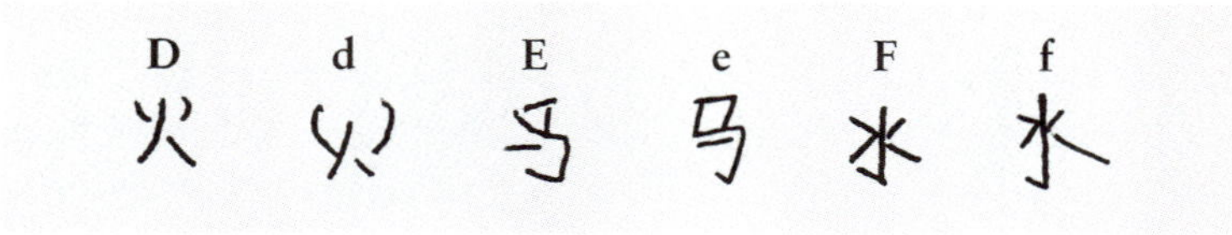

Un certain nombre de caractères se ressemblent, les rendant parfois difficiles à mémoriser. Il est important de reconnaître ces petites différences qui permettent de les identifier.

Les caractères ci-dessous sont présentés deux par deux. Voyez-vous leurs différences ? Pour vous aider, nous vous donnons l'ordre des traits de chaque caractère.

Caractère	Signification	Ordre des traits	Caractère	Signification	Ordre des traits
人	homme	丿 人	入	entrer	丿 入
广	vaste	丶 亠 广	厂	usine	一 厂
刁	rusé	𠃌 刁	习	s'exercer	𠃌 刁 习
己	soi-même	𠃍 コ 己	已	déjà	𠃍 コ 已
干	faire	一 二 干	于	à, en	一 二 于
贝	coquillage	丨 冂 贝 贝	见	voir	丨 冂 贝 见
东	Est	一 𠂇 车 东 东	车	véhicule	一 𠂇 𠂇 车
石	pierre	一 丆 丆 石 石	后	arrière, derrière	丿 厂 户 斤 后 后
我	je, moi	丿 二 手 手 我 我 我	找	chercher	一 十 扌 扌 找 找 找

Voici encore une autre règle concernant l'ordre des traits dont il faut se souvenir :

Le point 丶 s'écrit toujours en dernier dans des caractères tels 我 ou 找.
Cependant, ce trait est tracé en avant-dernier quand il s'écrit à l'intérieur d'une « enceinte », comme dans 国 guó « pays », par exemple, dont voici l'ordre des traits :

On remarquera que 国 constitue une exception à la règle d'écriture « horizontal puis vertical ». Comme vous venez de le voir, le trait vertical à l'intérieur du caractère est tracé avant le dernier trait horizontal : 干王, et non pas 三王. Retenez que le trait vertical est tracé en dernier quand il traverse le dernier trait horizontal, mais pas quand il le rejoint : 三丰 mais 干王.

Activité 5

Quelles erreurs décelez-vous dans l'écriture des caractères suivants ? Vous avez déjà rencontré tous ces caractères, écrits sans erreur.

A B C D E F G H

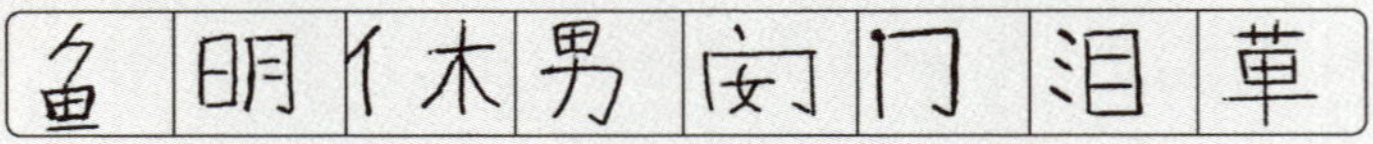

Reprenons à présent l'étude des clés, présentée dans le chapitre 2. Vous rappelez-vous ce qu'est une clé ?

Activité 6

Qu'est-ce qu'une clé ? Choisissez la bonne réponse.

a. un trait dans un caractère

b. un élément d'un caractère

c. un caractère simple

Nous avons appris que la plupart des caractères chinois étaient composés de deux éléments : une clé et un élément phonétique. Les clés servent parfois à donner la signification générale d'un caractère, mais ce n'est pas une règle absolue.

Toutefois, il est nécessaire de connaître les clés pour trouver un caractère dans un dictionnaire et connaître ainsi sa signification (voir chapitre 10). Nous allons donc en apprendre le plus possible !

Activité 7

Pouvez-vous trouver la signification des clés ci-dessous, au moyen des caractères dans lesquels elles apparaissent ?

	Clé	Caractère et sa signification								Signification de la clé
1.	目	眼	œil	盯	regarder fixement	瞎	aveugle	眨	cligner (des yeux...)	....
2.	犭	狗	chien	狼	loup	猫	chat	狐	renard	....
3.	饣	饱	repu	饭	repas	饼	crêpe	馅	farce	....
4.	刂	刻	sculp-ter	剁	couper finement	割	couper	刺	piquer	....
5.	山	峰	som-met	岭	chaîne de mon-tagnes	崖	falaise, préci-pice	岗	colline	....

Activité 8

Identifiez d'abord la clé de chacun des caractères suivants, puis écrivez cette clé et sa signification. Enfin, essayez de deviner la signification du caractère ou, au moins, d'en percevoir le sens général, et vérifiez vos réponses dans les Corrigés. Un exemple vous est donné.

	Caractère	Clé	Signification de la clé	Signification du caractère
1.	话	言（讠）	**parole**	**langue, langage**
2.	枫	....	....	....
3.	讽	....	....	....
4.	峰	....	....	....
5.	海	....	....	....
6.	晚	....	....	....
7.	煮	....	....	....
8.	资	....	....	....
9.	烧	....	....	....
10.	笔	....	....	....
11.	刻	....	....	....

Activité 9

Voici un nouveau tableau de clés à mémoriser, dont certaines ont été présentées dans ce chapitre. Trouvez l'ordre des traits de chaque clé, puis vérifiez vos réponses dans les Corrigés.

Clé	Pinyin	Signification	Ordre des traits
刂（刀）	dāo	couteau	• 刂 .... • 刀 ....
饣（食）	shí	nourriture	• 饣 .... • 食 ....
目	mù	œil	....
氵（水）	shuǐ	eau	• 氵 .... • 水 ....
牛（牜）	niú	bœuf	....
彳	chì	faire un pas du pied gauche	....
石	shí	pierre	....
口	kǒu	bouche	....
贝	bèi	coquillage	....
见	jiàn	voir	....
页	yè	page	....
米	mǐ	riz (non cuit)	....

Nous avons présenté 贝 bèi, 见 jiàn et 页 yè l'un après l'autre pour vous montrer leur ressemblance graphique malgré leur grande différence de sens.

Pour vous aider, pensez que 贝 bèi est écrit avec deux « jambes droites », alors que 见 jiàn est écrit avec « une jambe droite, une jambe tordue » et que 页 yè s'écrit comme 贝 bèi, mais avec 丆 au-dessus.

Comme nous l'avons appris, beaucoup de clés se trouvent toujours dans la même position, quel que soit le caractère dans lequel elles s'inscrivent.
Étudiez bien la position des clés dans les caractères des activités 7 et 8, puis faites l'activité 10.

Activité 10

Pour chacune des clés de la page suivante, écrivez la position que celle-ci occupe de façon générale dans un caractère. Un exemple vous est donné.

	Clé	Signification	Position dans le caractère
1.	马	cheval	**la partie gauche**
2.	艹	herbe	....
3.	犭	animal	....
4.	讠	parole	....
5.	灬	feu	....
6.	⺮	bambou	....
7.	氵	eau	....
8.	刂	couteau	....
9.	亻	homme, être humain	....
10.	口	bouche	....

Activité 11

Dans le tableau suivant, pouvez-vous reconnaître les caractères à partir de leur description puis indiquer leur signification ? Vous connaissez déjà la plupart d'entre eux.

	Description	Caractère	Signification
1.	de l'eau (partie gauche) dans un œil (partie droite)	....	....
2.	deux arbres l'un à côté de l'autre	....	....
3.	le bambou, avec le poil en-dessous	....	....
4.	un homme dans une enceinte, un enclos	....	....
5.	le feu sous le toit	....	....
6.	petite (partie haute) terre (partie basse)	....	....
7.	le soleil (partie haute) au-dessus de la lumière (光)	....	....

Activité 12

Identifiez les clés dans chacun des caractères du tableau. Puis attribuez à chaque clé un numéro regroupant les caractères qui possèdent cette même clé. Vous devez identifier neuf clés dans cette activité, que vous numéroterez de 1 à 9.

Si la signification de ces caractères vous reste obscure, vous pourrez toujours la retrouver dans un dictionnaire chinois-français.

Chapitre 3

Caractère et son groupe	Caractère et son groupe	Caractère et son groupe	Caractère et son groupe	Caractère et son groupe	Caractère et son groupe
泪 1	昨	吃	林	推	叮 ....
诗	饭	汗 1	时	贵	材 ....
杂	货	饺	喝	河 1	扣 ....
别	刚	贡	词	晚	饿 ....
打	吸	说	根	刷	订 ....

1. eau 泪 汗 河
2. ....
3. ....
4. ....
5. ....
6. ....
7. ....
8. ....
9. ....

Activité 13

Regardez les caractères ci-dessous, sans vous soucier de leur signification. De combien de traits sont-ils composés ? Vérifiez vos réponses dans les Corrigés.

1. 方 2. 山 3. 九 4. 足 5. 去 6. 气 7. 尺 8. 风

i 学写字 Une petite histoire sur l'apprentissage de l'écriture

Le jour de sa première rentrée scolaire, un enfant chinois commença l'apprentissage de l'écriture avec son professeur. Ce dernier lui apprit à écrire 一 « un ». L'enfant se dit que c'était un caractère simple. Puis, le professeur lui apprit à écrire 二 « deux ». Voyant combien c'était facile, l'enfant commença à s'impatienter. Enfin, on lui apprit à écrire 三 « trois ».

Avant que le professeur n'ait eu le temps de lui demander d'écrire ce dernier caractère, l'enfant s'écria : « Maintenant, je sais écrire ! » Le professeur lui dit : « Tu apprends vite. La leçon est à présent terminée. Tes devoirs, pour aujourd'hui, seront d'écrire le caractère "dix mille" ! »

Le caractère pour « dix mille » est 万 (萬 quand il est non simplifié).

第四课 – Chapitre 4

La formation des mots

Dans ce chapitre

- Vous étudierez les différentes manières de composer les mots.
- Vous vous initierez à l'apprentissage de la langue chinoise et à sa prononciation.
- Vous apprendrez à écrire les nombres, les dates et à faire des calculs de base.
- Vous découvrirez enfin quelques conseils pour mieux mémoriser les caractères.

Chapitre 4

Introduction

Dans les trois précédents chapitres, nous avons appris comment former de nouveaux caractères en associant des clés, ou en associant une clé et un élément phonétique. Nous allons maintenant étudier la formation des mots en associant des caractères. Vous avez déjà appris certains de ces caractères au cours des trois premiers chapitres.

Étudions quelques exemples. Dans le tableau ci-dessous, un premier caractère s'associe avec un second pour composer un mot. Masquez la signification de ce mot, inscrite dans la colonne la plus à droite, puis essayez de la deviner.

Caractère	Signification	+	Caractère	Signification	=	Mot	Signification
人	homme	+	口	bouche	=	人口	population
入	entrer	+	口	bouche	=	入口	entrée
天	ciel	+	子	enfant	=	天子	empereur (fils du Ciel)
王	roi	+	子	enfant	=	王子	prince
工	travail	+	人	homme	=	工人	ouvrier
大	grand	+	人	homme	=	大人	adulte (terme utilisé autrefois pour s'adresser à une personne d'un certain rang ou statut, comme un juge de la cour impériale, par exemple)
小	petit	+	人	homme	=	小人	une personne médiocre ou sans honneur (et non un enfant)

La signification de ces mots était facile à trouver – celle des mots qui suivent le sera peut-être moins !

Activité 1

Que signifient, selon vous, les mots suivants ? Vérifiez vos réponses dans les Corrigés.

	Caractère	Signification	+	Caractère	Signification	=	Mot	Signification
1.	小	petit	+	心	cœur, esprit	=	小心	....
2.	放	déposer	+	心	cœur, esprit	=	放心	....
3.	瞎	aveugle	+	话	parole	=	瞎话	....
4.	笑	rire	+	话	parole	=	笑话	....

Associer les caractères

Les exemples suivants illustrent encore différentes manières de composer un mot en associant deux, voire trois ou quatre caractères.

Nom + nom

Nom	Signification	+	Nom	Signification	=	Mot	Signification
电	électricité	+	话	parole	=	电话	téléphone
天	ciel, jour	+	气	air	=	天气	temps (météo)

Remarque : 天 et 气 sont deux clés à part entière.

Activité 2

Que signifient, selon vous, les associations de noms suivantes ?

	Nom	Significa-tion	+	Nom	Significa-tion	=	Mot	Signification
1.	火	feu	+	车	véhicule	=	火车	....
2.	木	bois	+	工	ouvrier	=	木工	....
3.	月	lune, mois	+	票	ticket, billet	=	月票	....
4.	电	électricité	+	视	vision	=	电视	....
5.	电	électricité	+	车	véhicule	=	电车	....
6.	电	électricité	+	影	ombre	=	电影	....
7.	电	électricité	+	脑	cerveau	=	电脑	....

Adjectif + verbe

Adjectif	Signifi-cation	+	Verbe	Signifi-cation	=	Mot	Signification
好	bon	+	听	écouter	=	好听	agréable à entendre
难	dur, difficile	+	吃	manger	=	难吃	mauvais (à manger)

En chinois, les adjectifs peuvent également faire fonction de verbe, comme 好 hǎo qui signifie « être bon », en plus de signifier « bon ». Ces adjectifs sont appelés « verbes de qualité » quand ils remplissent cette fonction.

Activité 3

Que signifient, selon vous, les associations suivantes entre adjectif et verbe ?

	Adjectif	+	Verbe	Signification	=	Mot	Signification
1.	好	+	吃		=	好吃	....
2.	难	+	听		=	难听	....
3.	好	+	看	**regarder**	=	好看	....
4.	难	+	看		=	难看	....

Adjectif + nom

Adjectif	Signification	+	Nom	Signification	=	Mot	Signification
小	petit	+	学	étude	=	小学	école primaire
公	public	+	园	jardin clos	=	公园	jardin public, parc

Activité 4

Que signifient, selon vous, les associations suivantes entre adjectif et nom ?

	Adjectif	Signification	+	Nom	Signification	=	Mot	Signification
1.	大	grand	+	学	étude	=	大学	....
2.	小	petit	+	费	frais (prix)	=	小费	....
3.	好	bon	+	心	cœur, esprit	=	好心	....

Activité 5

Devinez la signification des mots suivants.

	Caractère	Signification	+	Caractère	Signification	=	Mot	Signification à deviner
1.	公	public	+	平	égal	=	公平	**a.** juste, équitable
								b. balance
								c. route plate
2.	明	clair	+	天	jour, ciel	=	明天	**a.** hier
								b. aujourd'hui
								c. demain

Verbe + verbe

Verbe	Signification	+	Verbe	Signification	=	Mot	Signification
听	écouter	+	说	parler	=	听说	entendre dire
听	écouter	+	懂	comprendre	=	听懂	comprendre (par l'écoute)
看	regarder	+	懂	comprendre	=	看懂	comprendre (par la lecture)
看	regarder	+	见	voir	=	看见	apercevoir
听	écouter	+	见	voir	=	听见	entendre

Verbe + complément d'objet

Verbe	Signification	+	Objet	Signification	=	Mot	Signification
开	commencer	+	车	véhicule	=	开车	conduire (un véhicule)
念	lire à haute voix	+	书	livre	=	念书	faire des études

Activité 6

Que signifient, selon vous, les associations suivantes entre verbe et complément d'objet ?

	Verbe	Signification	+	Objet	Signification	=	Mot	Signification
1.	吃	manger	+	饭	riz cuit	=	吃饭	....
2.	教	enseigner	+	书	livre	=	教书	....
3.	录	enregistrer	+	音	son	=	录音	....
4.	走	marcher	+	路	route	=	走路	....
5.	说	parler	+	话	parole	=	说话	....

Vous pouvez constater que le chinois emploie un complément d'objet qui n'est pas d'usage en français. Ainsi, « manger » devient 吃饭 « manger du riz cuit » en chinois.

En effet, la langue chinoise a d'abord été monosyllabique (formée de mots d'une seule syllabe), puis elle est devenue peu à peu dissyllabique (formée de mots de deux syllabes). La construction « verbe suivi d'un complément d'objet » fait donc partie de cette évolution.

Grammaticalement, l'utilisation de ce complément d'objet permet de construire une phrase plus « équilibrée ». Naturellement, si le verbe possède déjà un objet qui lui est propre, il n'aura pas besoin de complément d'objet.
Exemple : 他 « il » 吃鱼 « mange du poisson », où « poisson » est l'objet.

Chapitre 4

Le redoublement pour marquer le pluriel

Vous rappelez-vous ce que signifie 人 ? Il s'agit bien de l'« homme », l'« être humain ».
Mais que signifie alors 人人 ? Cela signifie « tout le monde ». C'est logique !
Quand certains noms communs sont redoublés, leur signification devient ainsi « tous le(s) » ou « chaque ». Nous vous indiquons d'autres exemples. Cependant, sachez que tous les mots ne peuvent être ainsi redoublés.

Mot	Signification	Mot redoublé	Signification
天	jour	天天	tous les jours
月	mois	月月	chaque mois
年	an, année	年年	tous les ans
代	génération	代代	chaque génération

Écrire les nombres de 1 à 10

Écrivez les nombres de 1 à 10 :

Nombre	1	2	3	4	5	6	7	8	9	10
Caractère	一	二	三	四	五	六	七	八	九	十
Pinyin	yī	èr	sān	sì	wǔ	liù	qī	bā	jiǔ	shí

Remarque : 二 et 十 sont deux clés à part entière.

	Mémo des règles d'écriture
1.	Les traits horizontaux s'écrivent de gauche à droite.
2.	De haut en bas. (三) 一 二 三
3.	Finir l'intérieur du cadre avant de le fermer. (四) 丨 冂 门 四 四
4.	Horizontal avant vertical. (五) 一 丆 五 五
5.	Courbe à gauche, puis courbe à droite. (六) 丶 亠 六 六

L'écriture chinoise et sa prononciation

Ce livre s'intéresse principalement à l'écriture chinoise. Cependant, sachez que le chinois parlé correspond à de multiples dialectes et que la différence entre deux dialectes chinois est parfois plus importante qu'entre deux langues telles que l'anglais et l'allemand, ou l'espagnol et l'italien, par exemple.

Toutefois, l'écriture chinoise est identique pour tous ces dialectes.

La seule différence provient de la simplification des caractères. Après la fondation de la République populaire de Chine en 1949, les autorités ont simplifié un certain nombre de caractères courants (plus de deux mille) dans le but d'élever le niveau d'instruction de la population. Jusqu'alors, les caractères étaient restés pratiquement inchangés pendant presque deux mille ans. Officiellement, ces caractères simplifiés ne sont pas d'usage à Taiwan ou à Hong-Kong, mais quelques-uns sont employés dans des correspondances informelles. Singapour a également adopté ce système d'écriture simplifiée.

Le dialecte dont le système de prononciation est adopté dans cet ouvrage est appelé le **pǔtōnghuà** 普通话 ou « langue commune ». Il est parfois désigné sous le nom de chinois contemporain ou « mandarin ». Plus des deux tiers des Chinois vivant en Chine parlent une forme de ce dialecte. Il représente aussi la langue chinoise officielle ou un dialecte à Taiwan et à Singapour, où il est appelé respectivement **guóyǔ** 国语 « langue nationale » et **huáyǔ** 华语 « langue chinoise ».

Vous trouverez un Guide de prononciation en fin d'ouvrage, p. 157.

Écrire les nombres de 11 à 99

Puisque vous avez appris les nombres de 1 à 10, vous êtes capable de lire et d'écrire les nombres de 11 à 99.

Nombre	=	Décom-position	=	Carac-tère	Nombre	=	Décompo-sition	=	Caractère
11	=	10 + 1	=	十一	41	=	4 x 10 + 1	=	四十一
12	=	10 + 2	=	十二	52	=	5 x 10 + 2	=	五十二
19	=	10 + 9	=	十九	87	=	8 x 10 + 7	=	八十七
20	=	2 x 10	=	二十	99	=	9 x 10 + 9	=	九十九
30	=	3 x 10	=	三十					

Activité 7

Quels sont les nombres représentés par les caractères suivants ?

	Caractère	Nombre
a.	四	....
b.	八	....
c.	五	....
d.	七	....
e.	九	....
f.	六	....

	Caractère	Nombre
g.	十	....
h.	十八	....
i.	三十五	....
j.	九十四	....
k.	七十六	....
l.	五十九	....

Activité 8

Écrivez les nombres suivants en chinois, sans oublier les règles d'écriture ! (Voir p. 25.)

Vous pouvez utiliser la feuille de papier quadrillé proposée p. 38, qui vous aidera à écrire des caractères de même taille, avec un espacement correct.

	Nombre
a.	8
b.	10
c.	7
d.	5
e.	6
f.	9

	Nombre
g.	4
h.	21
i.	32
j.	87
k.	65
l.	94

Les nombres dans les énumérations

Les chiffres arabes sont couramment employés dans la plupart des documents et dans les journaux, mais la forme traditionnelle d'écriture des nombres (en caractères) est encore très utilisée.

En français, nous utilisons 1, 2, 3, 4 pour lister une énumération d'idées ou de questions. En chinois, la tendance est d'employer les caractères 一, 二, 三, 四.

Lorsque 第 dì est placé devant un nombre cardinal (tel que « un » ou « neuf », par exemple), il transforme celui-ci en nombre ordinal (« premier », « neuvième »).

第 contient la clé du bambou (en haut) et la phonétique di (en bas). Il est écrit :

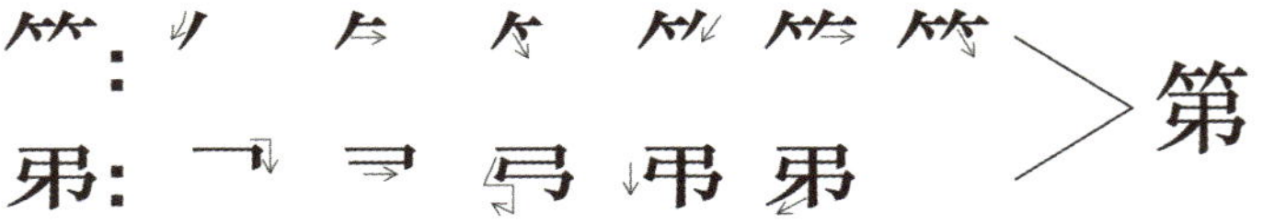

Les équivalents en chinois de « premier », « deuxième (second) » et « troisième » sont donc : 第一, 第二 et 第三, et non pas 第 1, 第 2 et 第 3.

Écrire les années

Il est très facile d'écrire les années en chinois puisqu'il s'agit d'écrire une simple suite de nombres. Ainsi, « 1998 » se dit et s'écrit 一九九八 avec le caractère 年 nián « année » placé juste après. 年 se trace de la façon suivante : 

Activité 9

Quelles sont les années suivantes ?

a.	一九一九	....
b.	一九九一	....
c.	一九四五	....
d.	一〇六六	....
e.	一七八九	....

f.	一九一四	....
g.	一四九二	....
h.	一八四八	....
i.	二〇一五	....

Le « zéro » est l'exception à la règle selon laquelle les caractères chinois sont communément employés pour écrire les nombres. Le caractère 零 « zéro » étant assez compliqué, 〇 a été largement adopté à sa place.

Activité 10

Écrivez les années suivantes en caractères. Il n'est pas nécessaire ici d'écrire 年.

a.	1321	....	....	....	....
b.	1932	....	....	....	....
c.	1876	....	....	....	....
d.	1965	....	....	....	....
e.	1949	....	....	....	....

f.	1486	....	....	....	....
g.	1937	....	....	....	....
h.	1842	....	....	....	....
i.	2037	....	....	....	....

Écrire la date

Nous avons déjà rencontré les caractères signifiant « soleil » et « lune », respectivement 日 et 月. De façon logique, 日 représente également le « jour » et 月 le « mois ».

Indiquez à présent les dates suivantes.

a.	一月三日	....	b.	十月八日	....	c.	十二月二十五日	....

Ces dates sont le 3 janvier, le 8 octobre et le 25 décembre. Vous devez trouver ceci plutôt facile et parfaitement logique, mais avez-vous remarqué qu'en chinois, le mois s'écrit en premier ? Cela vient du fait que les Chinois ont une conception du temps plus « verticale » que « linéaire » et vont du général au particulier. Ce qui donne dans l'ordre : année, mois, jour, moment de la journée (matin ou après-midi), heure, minute, ce qui est exactement l'ordre inverse des mots en français.
Il est à noter que les dates sont toujours écrites en caractères dans les écrits officiels et que les chiffres arabes sont utilisés dans les écrits plus informels.

Chapitre 4

Créez vos « cartes mémo »

Au cours de votre apprentissage, nous vous conseillons de créer des « cartes mémo ». Les premiers chapitres contenant le vocabulaire de base, nous vous conseillons de réaliser ces cartes dès le premier chapitre.

Une « carte mémo » consiste en une petite fiche carrée (de 3 cm de côté, par exemple) sur laquelle vous inscrivez un caractère ou un groupe de caractères au recto, et indiquez leur traduction et leur transcription pinyin au verso.

Exemple :

Recto	Verso
火	huǒ feu

Recto	Verso		
明	míng clair	ou	míng soleil+lune

Pour mémoriser plus facilement un caractère, vous pouvez également indiquer les éléments qui le composent, comme nous vous l'indiquons ci-dessus à droite.

Créez une « carte mémo » dès que vous apprenez un nouveau caractère.

Étudiez-les en les regardant d'abord « face caractère » pour voir combien vous pourrez en reconnaître. Vérifiez ensuite vos réponses, en retournant chaque carte. Enfin, placez de côté les cartes pour lesquelles vous avez répondu correctement, puis étudiez à nouveau celles qui vous ont posé problème, et ainsi de suite afin de toutes les connaître.

Une fois accompli ce premier travail de reconnaissance des caractères, faites donc de même dans l'autre sens. Étudiez ces cartes « face traduction (ou éléments constituants) », puis écrivez le caractère correspondant.

C'est évidemment plus difficile ! Vérifiez toujours vos réponses en retournant la carte, et adoptez la même méthode : placez de côté les cartes pour lesquelles vous avez répondu correctement et persévérez dans l'apprentissage des autres.

Vous devrez probablement renouveler cet exercice plusieurs fois avant de maîtriser parfaitement ces caractères, et multiplier vos efforts au fur et à mesure que vous ajouterez de nouvelles cartes aux précédentes. Ne vous découragez surtout pas ! Procurez-vous une petite boîte pour y conserver vos cartes, afin de pouvoir les consulter à tout moment, dans les transports publics par exemple.

Sachez que même les jeunes enfants chinois apprennent les caractères de base de cette manière. Les cartes qu'ils utilisent comportent habituellement un dessin sur une face et le caractère correspondant sur l'autre. Parfois, on trouve également la transcription pinyin sur l'une des faces, ou encore la traduction en anglais, pour les éditions les plus récentes !

Voici quelques exemples de cartes mémo que vous pourrez créer :

A1 难	B1 钱	C1 星期	D1 电话
A2 *nán* difficile	B2 *qián* argent	C2 *xīngqī* semaine	D2 *diànhuà* téléphone

E1 学习	F1 汉字	G1 生词	H1 卡片
E2 *xuéxí* étudier	F2 *hànzì* caractère chinois	G2 *shēngcí* mot nouveau	H2 *kǎpiàn* carte

Si vous êtes prêt(e) à étudier encore quelques dates, faites donc les activités suivantes.

Chapitre 4

Activité 11

Pouvez-vous indiquer les dates suivantes ?

a.	二月一日	....
b.	三月七日	....
c.	五月九日	....
d.	四月十日	....
e.	六月二十日	....

f.	八月三十日	....
g.	十一月二十六日	....
h.	十月十五日	....
i.	十二月三十一日	....

Activité 12

Faites correspondre les mois écrits en français ci-dessous avec leur équivalent en chinois.

a.	**décembre**	d.	juin	g.	juillet
b.	avril	e.	novembre	h.	octobre
c.	septembre	f.	mai	i.	août

1.	十一月	4.	九月	7.	十月
2.	六月	5.	七月	8.	四月
3.	八月	6.	十二月	9.	五月

Activité 13

Pouvez-vous écrire les dates suivantes en caractères ?

a.	nouvel an (1er janvier)	....	....	....	....			
b.	14 Juillet	....	....	....	....	....		
c.	Fête nationale chinoise (1er octobre)	....	....	....	....			
d.	Noël (25 décembre)	....	....	....	....	....	....	....
e.	solstice d'été (21 juin)	....	....	....	....	....	....	

Activité 14

Le dessin ci-dessous représente un homme offrant des fleurs à sa femme à l'occasion de la Journée internationale de la Femme. À quelle date correspond cet événement ?

Écrire les jours de la semaine

Les deux seuls caractères dont vous avez besoin pour écrire les jours de la semaine sont : 星 xīng « étoile » et 期 qī « période » qui forment le mot « semaine » quand ils sont associés, auxquels vous ajouterez un chiffre de 1 à 6 pour chaque jour de la semaine, ou bien le caractère 日 rì « soleil » ou 天 tiān « jour » pour signifier « dimanche ».

星 xīng est composé de la clé 日 rì « soleil » et de 生 shēng « donner naissance ».

Nous vous présentons l'ordre des traits ci-dessous :

日	丨	冂	冃	日		> 星
生	丿	𠂉	𠂒	牛	生	

期 qī est composé de l'élément phonétique 其 qí « son, sa... » et de la clé 月 yuè « lune ».

其	一	十	廾	廿	甘	甘	其	其	> 期
月	丿	冂	月	月					

Entraînez-vous à écrire les jours de la semaine.

Vous avez déjà rencontré 日 rì « soleil » et 天 tiān « jour ».

Activité 15

Faites correspondre les caractères chinois avec leur équivalent en français.

a.	星期三
b.	星期六
c.	星期一
d.	星期日
e.	星期二
f.	星期五
g.	星期四

1.	lundi
2.	mardi
3.	mercredi
4.	jeudi
5.	vendredi
6.	samedi
7.	dimanche

Activité 16

Écrivez le caractère manquant pour répondre correctement aux questions suivantes. Un exemple vous est donné.

	Quel jour se trouve deux jours avant le jeudi ?	星期二
a.	Quel jour les musulmans se rendent-ils à la mosquée ?	星期 ......
b.	Quel jour les chrétiens vont-ils à l'église ?	星期 ......
c.	Quel jour les juifs se rendent-ils à la synagogue ?	星期 ......

TEST N° 1

Vous considérerez peut-être qu'à ce stade de votre apprentissage, vous ne pouvez trouver par vous-même toutes les solutions aux activités suivantes.

Espérons que vous serez heureusement surpris(e) par les progrès accomplis !

Activité 1

Nous avons appris qu'il existait, pour de nombreux caractères, un élément indiquant la prononciation, appelé « élément phonétique (ou sonore) ». Vous connaissez d'autre part la signification d'un certain nombre de clés.

Faites correspondre les caractères ci-dessous avec leur signification. Ces caractères se ressemblent car ils partagent le même élément phonétique 青 qīng.

Un exemple vous est donné.

Remarque : le caractère dont la clé vous reste inconnue signifie « cyanogène » !

	Caractère	Pinyin
1.	情	qíng
2.	清	qīng
3.	鲭	qīng
4.	请	qǐng
5.	蜻	qīng
6.	晴	qíng
7.	氰	qíng

	Signification	N° correspondant
a.	prier, solliciter	…
b.	libellule	…
c.	clair ou beau (temps)	…
d.	sentiment	…
e.	cyanogène (un gaz)	…
f.	maquereau	…
g.	clair, net	2

Activité 2

Retrouvez ci-dessous la signification des groupes de mots en chinois et faites-les correspondre à leur traduction. Un exemple vous est donné.

	Mot
1.	人民大会堂
2.	人民币
3.	人民日报
4.	人民公园
5.	人民广场

	Signification	N° correspondant
a.	place du Peuple	…
b.	jardin du Peuple	…
c.	le palais de l'Assemblée du Peuple	…
d.	le Quotidien du Peuple	…
e.	monnaie chinoise (également appelée « yuan »)	2

TEST N°1

Activité 3

Que signifient les mots suivants ? Entourez la définition qui vous semble correcte. Nous donnons la définition du dictionnaire de chaque caractère afin de vous aider.

	Mot	Signification à deviner					
1.	生日	**a.**	lever du soleil	**b.**	anniversaire	**c.**	matin (tôt)

• 生 être né ; cru • 日 soleil, jour

2.	早安	**a.**	aube	**b.**	installation	**c.**	bonjour (le matin)

• 早 tôt • 安 paix, installer

3.	日历	**a.**	agenda	**b.**	calendrier	**c.**	arc-en-ciel

• 日 soleil, jour • 历 un historique

Activité 4

Inscrivez le(s) caractère(s) manquant(s) dans les cases correspondant à chacun des dessins. Nous vous aidons en indiquant la signification principale de chaque caractère. 午 pourra être utilisé plusieurs fois.

	上		午		午				上

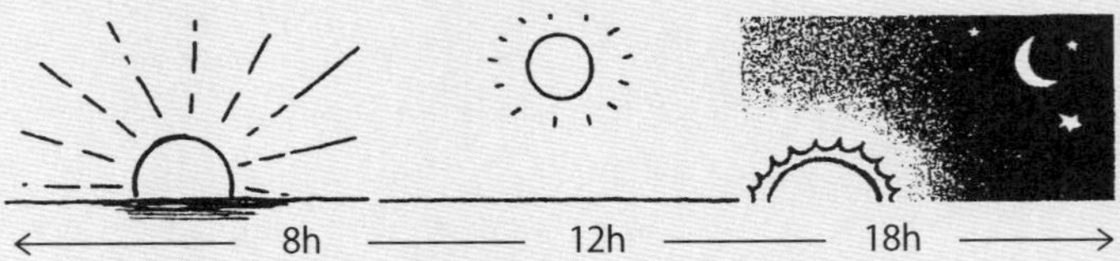

上 supérieur, précédent
下 inférieur, suivant

早 tôt
午 midi

晚 tard
中 milieu

Activité 5

Devinez ce que signifie la légende ci-contre. Vous avez déjà rencontré précédemment le mot 公平. Pouvez-vous le retrouver ? 不 bù signifie « ne ... pas » et peut se placer devant tous les verbes, excepté 有 yǒu « avoir », pour marquer la négation.

Test n° 1

Quel côté de la vitrine présente des vêtements pour hommes ?

Activité 6

Certains caractères, lorsqu'ils sont associés avec d'autres, peuvent former plusieurs mots différents. Exemple : 中 « milieu » et 火 « feu ».

Que signifient selon vous les mots suivants ? Pour chacun, choisissez la traduction qui convient.

	Mot		Mot
1.	中学	3.	中心
2.	中国	4.	中午

• midi • centre • la Chine • école secondaire

	Mot	Indice		Mot	Indice
5.	火腿	腿 jambe	8.	火箭	箭 flèche
6.	火山		9.	火花	
7.	火车				

• fusée • étincelle • volcan • train • jambon

i 风 vent + 水 eau = 风水 vent et eau ?

风水 fēngshuǐ signifie en réalité « géomancie ». Cette croyance ancestrale chinoise est toujours très vive pour de nombreux Chinois à travers le monde. Selon cette conception, les esprits de la terre, de l'eau et du vent jouent un rôle déterminant dans la vie des hommes. L'emplacement et l'exposition géographique d'une maison ou d'une sépulture, ou encore l'orientation des fenêtres ou l'agencement des meubles d'une habitation sont ainsi de la plus haute importance. Ils font la « bonne » ou « mauvaise »

Test n° 1

fortune de ceux qui occupent ces lieux, ou des parents du défunt qui repose dans cette sépulture.

En l'occurrence, les sépultures devront être exposées au Sud, adossées à des collines protectrices avec une rivière ou un cours d'eau à proximité, pour que la bonne fortune puisse parvenir jusqu'à la famille du défunt.

La pensée profonde qui en émane est que l'homme fait partie de l'ordre de la nature. C'est pourquoi les lieux où nous choisissons de situer nos demeures et nos sépultures doivent être en harmonie avec les forces de la nature. Chinois ou non, certains hommes d'affaires tiennent compte, eux aussi, du 风水 pour décider de la hauteur ou de l'emplacement exacts des bâtiments qu'ils font construire, tentant par là-même de nuire à leurs concurrents, en privant par exemple leurs bureaux de soleil.

« J'avais bien dit que le feng shui n'était pas bon ici. »
我说过这儿的风水不好。

Test n° 1

Activité 7

Quelle est la clé de chacun des mots suivants ? Un (2) signifie que vous devez indiquer les deux variantes de cette clé.

a.	bouche …	e.	vent …	i.	métal, or (2) … …	m.	grand …	q.	montagne …
b.	pluie …	f.	couteau (2) … …	j.	œil …	n.	champ …	r.	faire un pas …
c.	feu (2) … …	g.	riz …	k.	cheval …	o.	cœur (2) … …	s.	porte …
d.	page …	h.	enfant …	l.	parole (2) … …	p.	femme …	t.	marche …

Pour finir, nous vous proposons treize clés supplémentaires. Vous connaissez déjà la moitié d'entre elles.

Clé	Pinyin	Signification	Clé	Pinyin	Signification
八(丷)	bā	huit	纟	sī	soie
犭	quǎn	animal (sauvage), chien	衣(衤)	yī	vêtement
王	wáng	roi	冰(冫)	bīng	glace
门	mén	porte	禾	hé	céréale
风	fēng	vent	穴	xué	caverne
虫	chóng	insecte	气	qì	air
广	guǎng	vaste			

Test n° 1

L'ordre des traits de ces clés est assez simple.

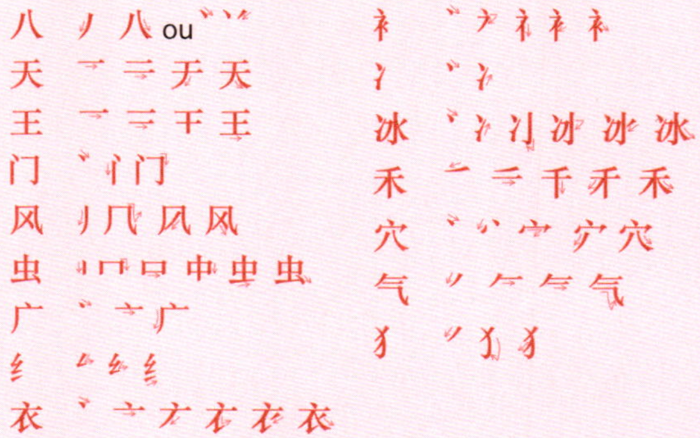

Remarque : notez cette différence entre 禾 « céréale » et 天 « jour » : le premier trait de 禾 est incliné ㇀ alors qu'il est horizontal 一 dans 天.

第五课 – Chapitre 5

Signes et repères (1)

Dans ce chapitre

- Vous apprendrez à lire les panneaux signalétiques et les enseignes, par exemple dans les hôtels et les restaurants.
- Vous découvrirez des noms propres français courants en caractères chinois.
- Vous apprendrez des noms de pays en caractères chinois.
- Enfin, vous saurez comment exprimer l'heure en chinois.

Introduction

À partir de ce chapitre, nous allons vous accompagner pour un voyage d'affaires en Chine. Vous allez assister à une conférence à Pékin, et ferez un peu de tourisme et de shopping.

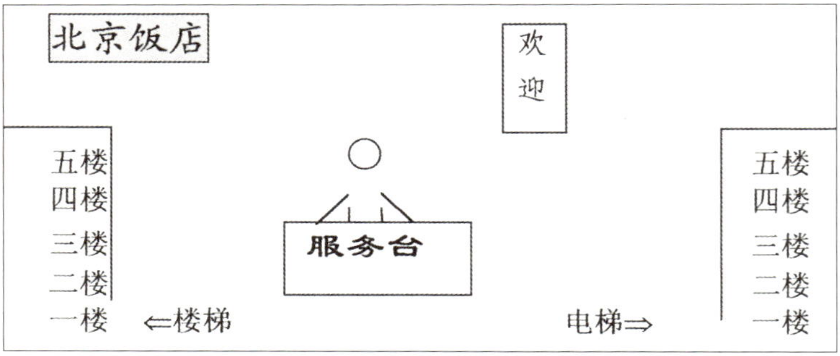

生词 Shēngcí Mots nouveaux

Caractères	Pinyin	Clé	Signification des caractères
北京	Běijīng		Pékin
北		丨	Nord
京		亠	capitale
饭店	fàndiàn		hôtel, restaurant
饭		饣	riz, repas
店		广	boutique, magasin
楼梯	lóutī		escalier
楼		木	bâtiment, étage
梯		木	escalier, échelle
服务台	fúwùtái		réception
服务		月 力	servir, service
台		口	bureau, station, quai
服务员	fúwùyuán		personnel de service
员		口	membre, employé
欢迎	hūanyíng		souhaiter la bienvenue
欢		又	avec joie
迎		辶	accueillir

Activité 1

1. Dans les mots nouveaux du tableau de la page précédente, identifiez la clé que vous n'avez pas encore rencontrée dans les premiers chapitres, puis écrivez-la ci-contre : ....

2. a. Quelle est la clé de 饭 et quelle est sa signification ? ....

b. Quelle est la clé de 楼 et quelle est sa signification ? ....

c. Quelles sont les deux autres clés (constituant l'élément phonétique) qui apparaissent dans la partie droite de 楼 et quelles sont leur signification ? ....

d. Quel est l'élément sous 口 dans 员 et quelle est sa signification ? ....

e. Indiquez l'ordre des traits de 迎 ....

3. Indiquez l'ordre des traits de 梯 (assez compliqué). (Vous avez déjà rencontré 弟 dans le chapitre 4, p. 46.) 木 .... (梯)

4. Quelle est la clé de 妈妈 ? De 姐姐 ? De 哥哥 ? De 妹妹 ?

....

Quelques liens de parenté

弟 dì signifie « frère cadet » et se présente normalement redoublé, soit 弟弟, comme 爸爸 bàba « papa », 妈妈 māma « maman », 姐姐 jiějie « sœur aînée », 哥哥 gēge « frère aîné », et 妹妹 mèimei « sœur cadette ».

Remarque : 父 fù est une autre clé, signifiant « père » ou désignant un parent masculin d'une génération antérieure.

Activité 2

Que signifient, selon vous, les mots suivants :

- 电梯 (en bas à droite de l'illustration, p. 60) ....
- 店员 (voir 服务员) ....
- 服务楼 ....
- 电台 (voir 服务台) ....

Le numéro des étages

En Chine, on utilise le même système qu'aux États-Unis. Le premier étage correspond au rez-de-chaussée français, le deuxième étage désignant donc le premier étage français, etc.

Activité 3

Installé(e) dans votre chambre d'hôtel, vous décidez d'aller déjeuner. L'hôtel compte deux restaurants. Vous suivez le signe 餐厅 « salle à manger » ou « restaurant », puis rencontrez un 服务员 vous indiquant le chemin.
Vous avez le choix entre deux restaurants : cantonais (Guǎngdōng) ou du Sichuan. Pouvez-vous les différencier ?

A. .... B. ....

Vous découvrez l'inscription 禁止吸烟 (sur la colonne dans l'illustration ci-dessus) qui signale une interdiction. Vérifiez chapitre 2, p. 21, la signification des clés 口 et 火 – cela vous aidera. Il vous est demandé de :

1. Ne pas photographier
2. Ne pas fumer
3. Ne pas jeter de déchets
4. Ne pas entrer

Regardez à présent le plan d'un étage d'hôtel ci-dessous. Essayez de repérer les toilettes. Vous rappelez-vous 男 nán et 女 nǚ présentés dans le chapitre 2 ? Effectivement, ce sont « homme (masculin) » et « femme ». Le mot chinois pour « toilettes » est 厕所 cèsuǒ.

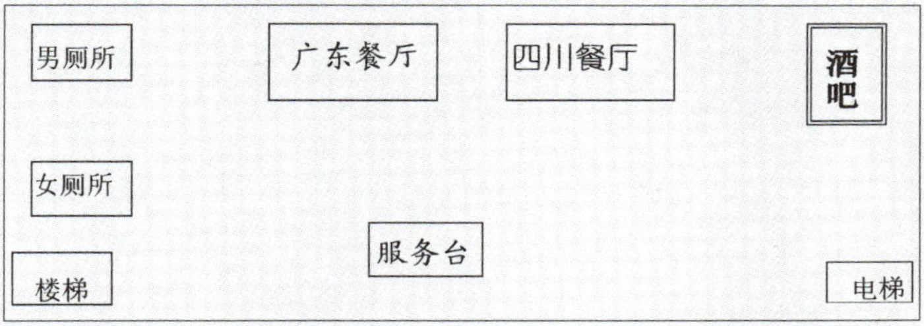

Il y a encore un mot nouveau sur ce plan. Il est situé tout en haut à droite. Vous le retrouverez ultérieurement, mais regardez la clé du premier caractère et vous aurez peut-être déjà une idée de ce qu'il signifie.

À la conférence

La conférence va commencer. Si votre nom est 王海伦, où allez-vous vous asseoir ?
Voici quelques noms de famille courants en Chine :

张	王	李	赵	刘	陈	林	吴	郭	郑
Zhāng	Wáng	Lǐ	Zhào	Liú	Chén	Lín	Wú	Guō	Zhèng

Ces noms n'apparaissent pas tous sur l'illustration, mais 王海伦 devra s'asseoir à la troisième place, en partant de la gauche, en bas sur l'image.

Noms propres et noms communs

Ces dix noms de famille sont parmi les plus courants en Chine. Alors que Zhao, Liu et Wu sont uniquement des noms de personnes ou de lieux (noms propres), Zhang, Wang, Li, Lin, Guo, Chen et Zheng ont également d'autres significations (noms communs).

• Comme vous le savez déjà, 林 lín signifie « forêt » et 王 wáng « roi ».
• 张 zhāng signifie « déployer », et 李 lǐ « prune ».

Noms de pays

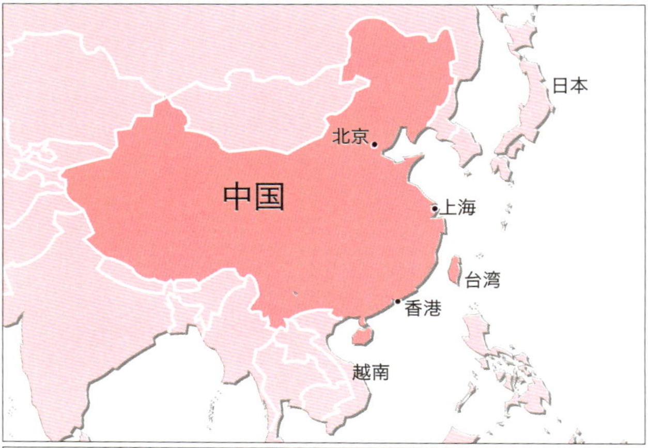

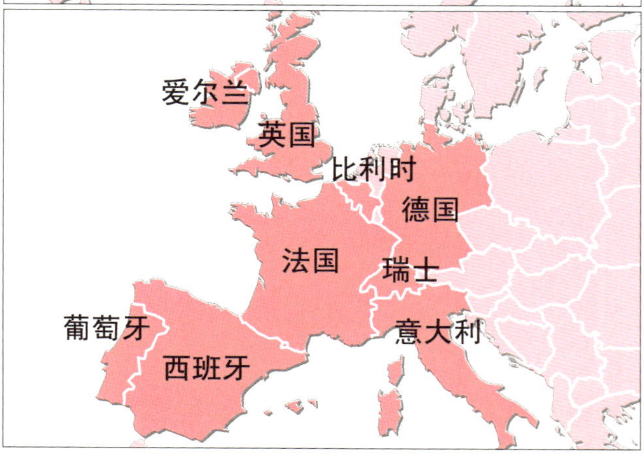

中国	Zhōngguó	Chine	意大利	Yìdàlì	Italie
法国	Fǎguó	France	加拿大	Jiānádà	Canada
美国	Měiguó	États-Unis	西班牙	Xībānyá	Espagne
德国	Déguó	Allemagne	比利时	Bǐlìshí	Belgique
英国	Yīngguó	Royaume-Uni	瑞士	Ruìshì	Suisse
日本	Rìběn	Japon	爱尔兰	Ài'ěrlán	Irlande
台湾	Táiwān	Taiwan	越南	Yuènán	Viêt Nam
香港	Xiānggǎng	Hong-Kong	葡萄牙	Pútáoyá	Portugal

生词 Shēngcí **Mots nouveaux**

Caractère	Signification	Utilisation pour des noms de pays
中	centre, milieu	中国 : l'Empire du Milieu (la Chine)
法	loi, règle	Fǎ ressemble à la première syllabe de « **Fra**nce »
英	héros	Yīng ressemble à la première syllabe de « **Eng**land » (Angleterre)
美	beau	Měi ressemble à la deuxième syllabe de « A**me**rica » (Amérique). (La deuxième syllabe de « A**me**rica » étant accentuée, elle ressort plus particulièrement.)
德	vertu	Dé ressemble à la première syllabe de « **Deu**tschland » (Allemagne).
香	parfumé	
港	port	

Activité 4

Trouvez la nationalité de chacun des participants :

王海伦 英国	山田 日本	李明芳 法国	张一林 中国	吴大卫 美国	刘安 香港

1. Qui vient du Japon ?
2. De quel pays vient 吴大卫 ?
3. Mme Wang (« Roi ») vient-elle de Chine ?
4. Quel pays Mme Li représente-t-elle ?
5. Quelqu'un vient-il d'Allemagne ?
6. Quel est le nom de famille du participant de Hong-Kong ?

La traduction des noms propres

Les noms propres français, comme tous les noms propres étrangers, sont traduits en chinois selon leur transcription phonétique. On emploie alors les caractères chinois dont la prononciation est la plus proche phonétiquement. Le tableau ci-après en donne quelques exemples.

Une autre façon de créer un nom chinois (nom et prénom) est de choisir un caractère pour le nom de famille, puis un ou deux caractères pour le prénom. En chinois, le nom de famille s'écrit en premier, suivi du prénom et enfin du titre, le cas échéant.

Idéalement, les caractères du nom traduit en chinois doivent être les plus proches possibles du nom à traduire, par la prononciation ou le sens. Le nom de famille vient bien sûr en premier, suivi du prénom, pour que le tout évoque un nom chinois.

Quelques noms français courants et leur traduction

Prénom	Pinyin	Caractères
Jean	Ràng	让
Philippe	Fēilìpǔ	菲力普
Nicolas	Nígǔlā	尼古拉
Laurent	Luòlǎng	洛朗
Michel	Mǐxiē'ěr	米歇尔
François	Fúlǎngsuǒwǎ	弗朗索瓦
Catherine	Kǎtèlín	卡特林
Isabelle	Yīshābèilā	伊莎贝拉
Claire	Kèlái'ěr	克莱尔
Marie	Mǎlì	玛丽
Hélène	Āiliánnà	埃莲娜
Émilie	Àimǐlì	艾米丽
Nom de famille	**Pinyin**	**Caractères**
Dupont	Dùbāng	杜邦
Durand	Dùlǎng	杜朗
Laporte	Lābōtè	拉波特
Martin	Mǎdīng	马丁
Rousseau	Lúsuō	卢梭
Leroy	Lèlǔwǎ	勒鲁瓦

Activité 5

Vos amis chinois vous ont appris la signification de leurs noms. Pouvez-vous les écrire en caractères ?

A. : « Mon nom de famille est Liu, mon prénom est Guo'an. "Guo" signifie "pays" et "an" signifie "paix (calme)". » ....

B. : « Papa et maman m'ont appelé "Grande Clarté". Ils espéraient sans doute que je devienne une star. » ....

C. : « Mon prénom est Yinglin. "Ying" signifie "héros" et "lin" signifie "forêt". » ....

D. : « Puisque je suis né à Pékin, on m'a appelé Jingsheng, qui signifie littéralement "né dans la capitale". » ....

Exprimer l'heure

Dans le chapitre 4, nous avons appris les caractères chinois pour indiquer la date. Étudions l'heure à présent. Regardez les dessins des pendules et les caractères chinois ci-dessous, puis trouvez quels caractères signifient « heure », « minute », « un quart » (d'heure) et « demi » (heure). Trouvez pour chaque division du temps un exemple du caractère correspondant et entourez-le.

两点半 两点三十分	三点一刻 三点十五分	三点五十五 差五分四点	五点四十五 五点三刻

Remarque : 两 liǎng « deux » est utilisé à la place de 二 èr quand on désigne deux éléments de la même espèce (quantité).

Les cinq mots nouveaux utilisés pour exprimer l'heure sont :

Caractère	Pinyin	Signification
点	diǎn	heure (datée)
半	bàn	demi
刻	kè	un quart
分	fēn	minute
差	chà	moins, manquer

Les aviez-vous trouvés ? Étudions-les de plus près pour trouver un moyen de les mémoriser.

• 点 contient la clé du feu, et signifie également « allumer un feu ». À la tombée du jour, on allumait des bougies ; de là vient le lien avec l'heure. Le caractère traditionnel – ou non simplifié – de 点 est 點 qui contient « sombre » ou « noir » dans la partie gauche.

• 分 signifie « diviser », comme le montre 刀 « couteau », qui est la clé dans la partie inférieure de 分. Ce caractère signifie aussi « division » et représente alors une division de temps. Il est enfin utilisé pour désigner la plus petite unité de monnaie chinoise.

• La partie droite de 刻 représente également un couteau, qui s'appelle alors « couteau debout » ou « couteau vertical ». 刻 signifie « graver » ou « sculpter » et, en tant que nom, désigne un court moment.

• 半 qui signifie « demi » est très évocateur : un trait coupe le milieu en deux parties égales.

• 差 est constitué de la clé du mouton 羊 yáng (ici inclinée) et de l'élément phonétique 工 gōng qui ne nous aide malheureusement pas pour la prononciation.

Comme nous vous l'indiquions au chapitre précédent, bien que les chiffres arabes soient communément utilisés en Chine pour écrire les nombres, les caractères traditionnels tels 八, 九, 十 sont encore fréquemment employés dans un contexte généralement formel, pour indiquer des dates sur un document ou les heures d'ouverture d'un magasin sur un panneau, par exemple.

Activité 6

Quelles sont les heures d'ouverture de ces différents lieux ?

	Lieux	Horaires d'ouverture
a.	中国银行	九点 …….. 十七点
b.	森林餐厅	早七点 …….. 晚十一点
c.	邮电局	八点半 …….. 十九点
d.	办公室	上午八点 …….. 十二点 下午两点 …….. 六点

Activité 7

Vérifions ensemble vos connaissances. Quelles sont les clés de ces caractères ? Essayez de ne pas regarder les explications précédentes.

a. 分 …….

b. 刻 …….

c. 半 …….

d. 钟 ……. (钟 zhōng signifie « horloge ».)

e. 差 …….

Activité 8

Écrivez en caractères l'heure affichée sur chaque pendule.

a. ………………………………

b. ………………………………

c. ………………………………

d. ………………………………

e. ………………………………

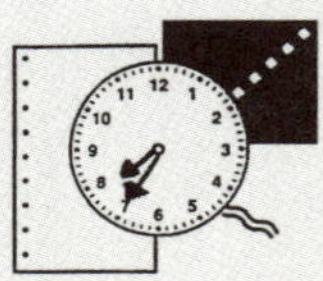

f. ………………………………

Retour à la conférence

Voici le programme du samedi et du dimanche pour les participants à la conférence

日程表

第三天星期六

早上	七点半	___	八点	早饭	
上午	八点半	___	十一点半	开会	
中午	十二点	___	一点	午饭	上海餐厅
下午	一点半	___	四点	开会	
晚上	六点	___	七点半	晚饭	四川餐厅
	八点			电影	« 日出 »

第四天星期日

上午	参观北海公园
下午	参观清华大学

生词 Shēngcí Mots nouveaux

Vous en avez cependant déjà rencontrés plus de la moitié !

Caractères	Pinyin	Signification
日程表	rìchéngbiǎo	programme
程		trajet
表		formulaire, tableau, montre
第	dì	préfixe pour les nombres ordinaux (voir chapitre 4, p. 46)
早上	zǎoshang	matin (tôt)
上午	shàngwǔ	matinée, matin
中午	zhōngwǔ	midi
下午	xiàwǔ	après-midi
晚上	wǎnshang	soir
上海	Shànghǎi	Shanghai
开会	kāihuì	tenir une réunion
开		ouvrir, commencer
会		réunion
参观	cānguān	visiter
日出	rìchū	lever du soleil
出		sortir
北海	běihǎi	mer du Nord
北		Nord (voir 北京 au début de ce chapitre)
海		mer
公园	gōngyuán	jardin public, parc (voir chapitre 4, p. 42)

Activité 9

Quelles sont les clés des caractères suivants :

· 程 · 表 · 第 · 早 · 上 · 中 · 午 · 下 · 晚 · 开 · 会 · 参 · 观 · 海 · 公 · 园

....

Activité 10

Répondez aux questions suivantes concernant le programme que nous venons de voir, d'abord en français, puis en caractères chinois (lorsque c'est possible) :

1. Où déjeunerez-vous samedi ?
2. À quelle heure déjeunerez-vous ?
3. Que ferez-vous samedi à 20 heures ?
4. À quelle heure débutera la réunion de l'après-midi ?
5. À quelle heure se tiendront les réunions samedi ?
6. Que ferez-vous dimanche matin ?
7. Quelle institution visiterez-vous dimanche après-midi ?

Activité 11

Il est 10 heures du soir, après la séance de cinéma. Vous souhaitez peut-être aller au 酒吧 « bar » pour prendre un verre avant de vous coucher.

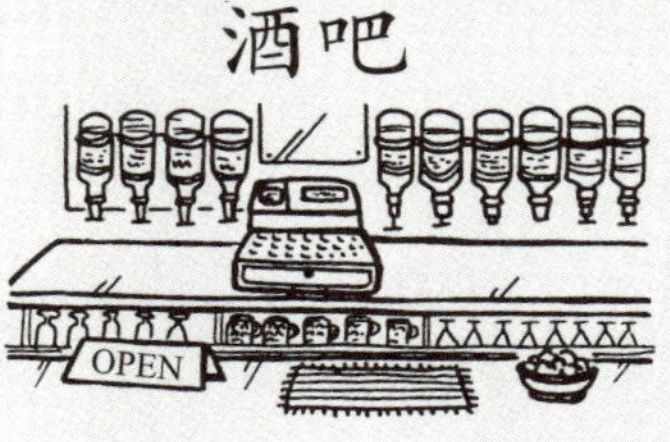

啤酒	bière
葡萄酒	vin
可口可乐	coca-cola
咖啡	café
茶	thé
矿泉水	eau minérale

Regardez cette carte, puis identifiez la clé de chacun des caractères. Les trouvez-vous logiques ?

Traduction des enseignes

En Chine, les enseignes qui peuvent aider ou orienter des étrangers sont souvent traduites. Elles le sont toujours en anglais.

Activité 12

Les mots en anglais et en chinois ont été mélangés sur les deux enseignes suivantes. Pouvez-vous les remettre en ordre ? Quel doit être l'ordre des mots en anglais de **a** ?

a.

« Boissons » « Nourriture » « Bar »

Écrivez à présent l'ordre correct des caractères chinois de **b**.

b.

« Café » « Boissons » « Bière »

....

Activité 13

Voici le plan d'un hall d'hôtel. Que signifient ces différentes indications ?

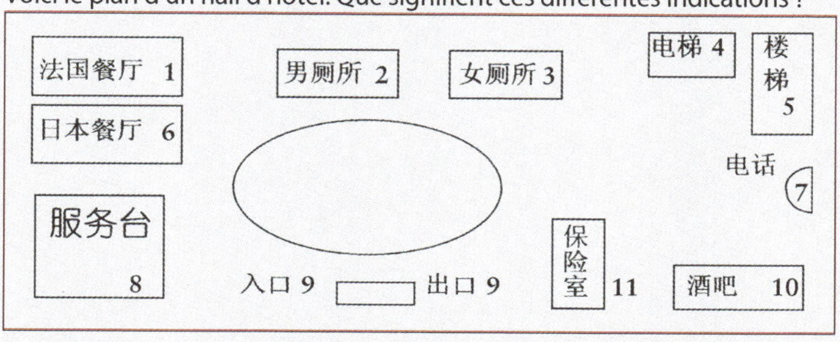

Donnez l'équivalent en français de chaque numéro indiqué sur le plan.

1. ....
2. ....
3. ....
4. ....
5. ....
6. ....
7. ....
8. ....
9. ....
10. ....
11. **salle des coffres-forts**

Le tableau ci-dessous présente de nouvelles clés, dont certaines ont été abordées au cours de ce chapitre.

Clé	Pinyin	Signification	Clé	Pinyin	Signification
亠		dessus	方	fāng	carré
又	yòu	encore	玉	yù	jade
父	fù	père	寸	cùn	pouce
足	zú	pied	疒	bìng	maladie
舟	zhōu	bateau	鸟	niǎo	oiseau
戈	gē	hallebarde	巾	jīn	serviette
阝 (à gauche)		tertre	立	lì	debout
阝 (à droite)		ville	礻 (示)	shì	rites ou montrer
攵		taper	酉	yǒu	amphore, le 10e des 12 rameaux terrestres (astrologie chinoise)

第六课 – Chapitre 6

Signes et repères (2)

Dans ce chapitre

- Vous apprendrez des signes et repères utiles lors de vos déplacements.
- Vous repérerez un certain nombre de villes et de régions en les localisant dans l'espace au moyen des points cardinaux.
- Vous apprendrez à traduire des textes de plus en plus longs.

Chapitre 6

Introduction

Activité de révision

Révisons quelques clés en essayant de les reconnaître parmi des caractères que vous connaissez, présentés dans le tableau ci-dessous.

Retrouvez dix clés et indiquez leur signification dans la liste ci-dessous. Regroupez les caractères comportant la même clé en leur attribuant le numéro correspondant.
Un exemple vous est donné.

出	.....	下	.....	华	.....	梯	.....	北	.....	河	.....
湖	.....	园	.....	二	.....	上	.....	法	.....	东	.....
南	.....	楼	.....	香	.....	晚	1	弟	.....	分	.....
半	.....	三	.....	共	.....	海	.....	李	.....	十	.....
星	1	公	.....	汽	.....	国	.....	程	.....	中	.....

1. 日 **soleil** 3. .... 5. .... 7. .... 9. ....

2. .... 4. .... 6. .... 8. .... 10. ....

Un peu de tourisme

La conférence est à présent terminée. Vous décidez d'aller à 香山公园, un magnifique parc à l'ouest de Pékin. Vous pouvez vous y rendre en 出租汽车 « taxi » ou en 公共汽车 « bus ». Vous remarquerez que « taxi » et « bus » contiennent tous les deux le mot 汽车, qui signifie « voiture », « automobile ».

出租汽车	chūzūqìchē	taxi
出租		louer, à louer
出		sortir (indique un mouvement vers l'extérieur)
租		loyer, louer
汽车		voiture, automobile
汽		vapeur
车		véhicule
公共汽车	gōnggòngqìchē	bus
公共		public, commun
公		public
共		commun, partager

À présent, pouvez-vous suivre les indications du panneau pour trouver le bon endroit où prendre un bus ou un taxi ?

出租汽车站　　公共汽车站　　→ (开往香山)

Le « bus » dans tous ses états

L'appellation du mot « bus » diffère selon le lieu où vous vous trouvez.

- À Pékin, on l'appelle 公共汽车 ou tout simplement 汽车.
- À Taiwan, c'est 公车, qui désigne toujours un moyen de transport public, comme l'indique le caractère 公.
- Dans la région de Hong-Kong et à Canton, un bus devient 巴士 bāshi, qui est la traduction phonétique du mot « bus » en cantonais - ces caractères n'ont donc pas de signification particulière. Cette appellation 巴士 a toutefois tendance à se répandre dans toute la Chine.

À l'entrée du parc, ce plan désigne différents endroits. Lesquels ? Si vous n'êtes pas sûr(e) de certains mots, examinez attentivement la clé de chacun des caractères.

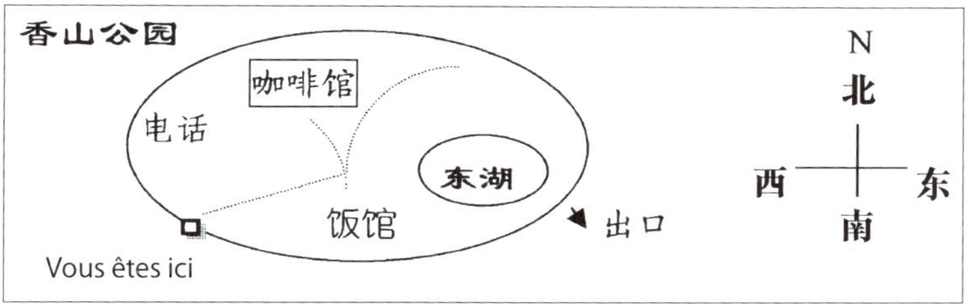

Activité 1

Un(e) ami(e) qui ne sait pas lire le chinois vous demande de l'aider. Étudiez la table d'orientation, puis répondez aux questions suivantes :

1. Où se trouve le lac ?
2. Quelle direction devez-vous emprunter pour prendre des boissons chaudes ?
3. Dans quelle direction trouvez-vous une cabine téléphonique ?
4. Quel chemin devez-vous emprunter pour vous restaurer ?
5. Où se trouve la sortie ?

Les points cardinaux

Étudions à présent les points cardinaux. En chinois, ces mots s'utilisent pour des noms de lieux, mais s'emploient également pour des noms de personnes.

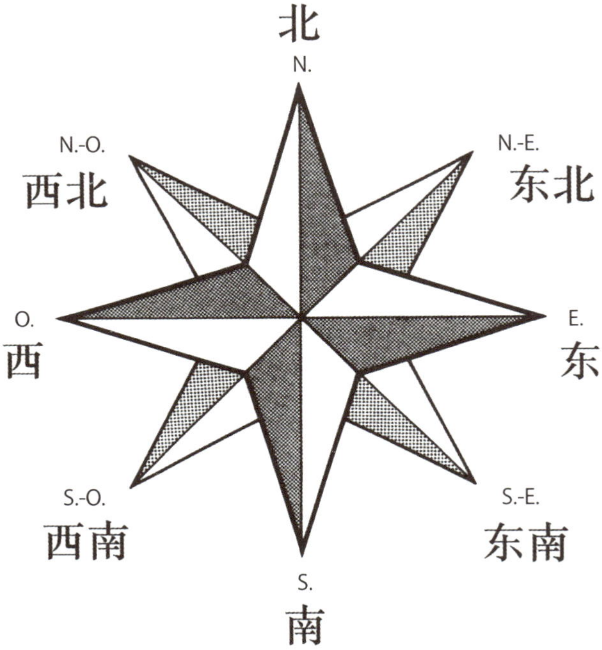

Vous souvenez-vous des mots suivants : 东南、东北、西南、西北 ? Ils signifient : Sud-Est (S.-E.), Nord-Est (N.-E.), Sud-Ouest (S.-O.) et Nord-Ouest (N.-O.).
Vous remarquerez que les caractères chinois sont inversés par rapport au français. Par exemple : 东南 signifie littéralement « Est-Sud ».
Notez également l'utilisation de « 、 » entre ces mots. C'est un signe de pause qui sépare plusieurs éléments d'une énumération, là où le français emploierait une virgule. En chinois, les virgules marquent des pauses plus longues qu'en français.

Les noms de villes et de provinces suivants contiennent tous des points cardinaux. Lesquels ?

北京、西安、南京、河北、河南、山东、山西、广东、广西、湖南、湖北、海南、西藏

- 河 hé rivière
- 广 guǎng vaste
- 湖 hú lac
- 海 hǎi mer
- 藏 Zàng les Tibétains

Se repérer dans l'Empire du Milieu

• Vous connaissez maintenant les caractères chinois pour écrire « Chine » : 中国, appelée encore l'« Empire du Milieu ». Les Chinois considéraient autrefois la Chine comme le centre du monde.

• L'ordre dans lequel nous nommons les quatre points cardinaux est « Nord, Sud, Est, Ouest », alors qu'en Chine, on parle de 东, 南, 西, 北 (Est, Sud, Ouest, Nord) ou 东, 西, 南, 北 (Est, Ouest, Sud, Nord).

• On emploie également l'expression 东西南北中 en référence à « tout le pays ». Il existe même un programme de télévision intitulé 东西南北中 qui présente des endroits pittoresques de toute la Chine.

• 东方 et 西方 signifient l'« Est » et l'« Ouest », les parties du monde (Orient et Occident) ou d'un pays.

Activité 2

Regardez la carte ci-dessous. Quels lieux reconnaissez-vous ?

1. ....

2. ....

3. ....

4. ....

5. ....

6. ....

7. ....

8. ....

9. ....

10. ....

Les divisions géographiques de la Chine

• Entre le 河北 et le 河南 coule le fleuve Jaune qui marque la séparation entre deux provinces. L'une, située au nord du fleuve, s'appelle donc : 河北, l'autre au sud : 河南.

• Les monts Taihang se dressent entre les provinces du Shandong 山东 et du Shanxi 山西 qui empruntent respectivement leur nom à cette barrière naturelle : 山东 « à l'est des montagnes » et 山西 « à l'ouest des montagnes ».

• Les provinces du Hubei 湖北 et du Hunan 湖南 sont situées respectivement au nord et au sud du lac Dongting 洞庭湖, l'un des plus grands lacs de Chine.

Activité 3

Reconnaissez-vous ces noms de lieux ?

1. 中东 2. 地中海 3. 南美 4. 北海

Activité 4

Faites correspondre les noms de rues inscrits sur les panneaux suivants avec la transcription qui convient.

a. 

b. 

c. 

1. Zhongshan Bei Lu
2. Ren He Lu
3. Ping Hai Lu

Activité 5

a. Sur le panneau indiquant Zhongshan Bei Lu (activité **4.c**), quelle direction prenez-vous si vous devez tourner à gauche ?

b. Et si vous tournez à droite ?

c. Dans quelle ville la photo ci-contre a-t-elle été prise ?

Activité 6

Faites correspondre les réponses en chinois aux souhaits formulés.

A. « Je voudrais une boisson. »

B. « Je voudrais aller aux toilettes. »

C. « Je voudrais manger quelque chose. »

D. « Je voudrais téléphoner. »

1. 电话
2. 饭馆
3. 酒吧
4. 厕所

Activité 7

Faites correspondre les indications ci-dessous avec le panneau correspondant en chinois. Un exemple vous est donné.

N.B. Deux panneaux présentent certains caractères non simplifiés. Essayez de les retrouver.

a. Sortie

b. Toilettes

c. Défense de fumer

d. Taxi

e. Détaxe = 2

f. Fleuriste (magasin de fleurs)

1. 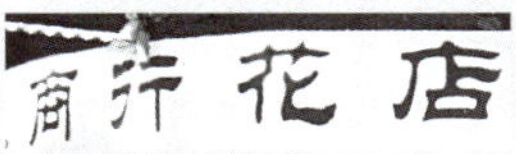

2. 

3. 

4. 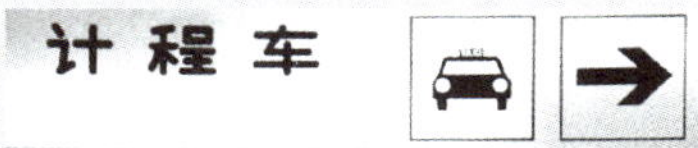

5. 

6. 

Activité 8

Que devrez-vous faire – ou ne pas faire – si vous voyez les panneaux suivants ? Cela peut vous sembler incroyable, mais vous serez capable de réussir cette activité même si vous ne reconnaissez qu'un seul caractère !

a. 禁止吸烟 b. 请勿入内 c. 禁止停车

Activité 9

Repérez les erreurs dans les phrases suivantes. Entourez les caractères inexacts, puis récrivez-les correctement. Vous pouvez vous aider des illustrations.

a. 请勿昭相 b. 小心解电 c. 请勿吸咽 d. 请勿随地灶痰

Défense de cracher — Défense de fumer — Défense de photographier — Risque d'électrocution

Composition des caractères : deux nouvelles façons

Dans le chapitre 2, nous avons étudié différentes manières de créer des caractères : clé + clé et clé + phonétique. En voici deux autres, moins courantes mais intéressantes. Regardez tout d'abord les caractères ci-dessous, dans la colonne la plus à droite : l'un des éléments composant ce caractère est la clé, tandis que l'autre a la double fonction d'indiquer la signification et la prononciation du caractère tout entier.

女	+	取	qǔ	obtenir	=	娶	qǔ	marier, épouser (prendre pour épouse)
女	+	家	jiā	famille, maison	=	嫁	jià	marier (une femme à sa belle-famille)

La place de la femme dans la société traditionnelle chinoise

Ces exemples montrent l'importance du patriarcat dans la société traditionnelle chinoise. Les femmes se mariaient dans la famille de leur futur époux et devaient vivre avec leur belle-famille, ce qui n'était pas le cas pour les hommes.

Seuls ceux issus de milieux très pauvres, incapables de payer la dot de leur future épouse, devaient vivre avec leur belle-famille.

Cette situation, jugée honteuse, obligeait les enfants issus d'un tel mariage à prendre le nom de famille de leur mère.

Il est intéressant de noter que le caractère pour « traître » s'écrivait 姦 jiān et signifiait également « adultère ».

Il s'écrit maintenant 奸, mais il n'en reste pas moins que sa clé est toujours celle de la femme 女... tout comme le caractère 奴 nú « esclave » !

Examinez à présent les caractères ci-dessous. Deux caractères différents – qui ne sont pas forcément des clés – sont associés pour former un nouveau caractère, dont la signification provient directement de celle de ces deux caractères. Vous rappelez-vous 不 bù « ne ... pas, non », rencontré dans l'expression 不公平 ?

不	+	正	zhèng	droit	=	歪	wāi	de travers, malhonnête
不	+	好	hǎo	bon	=	孬	nāo	mauvais
不	+	用	yòng	utilisation	=	甭	béng	ne ... pas (faire)
不	+	口	kǒu	bouche	=	否	fǒu	nier, ... ou non Ex. 是否 « oui ou non »

La prononciation de tels caractères est intéressante à étudier : la prononciation de 歪 wāi, par exemple, n'a aucune ressemblance avec bù ou zhèng, mais exprime subtilement la signification « de travers ». En revanche, la prononciation des trois autres se rapproche de celle des éléments qui les composent.

Activité 10

Trouvez les clés qui manquent dans les caractères suivants afin de les faire correspondre à la signification indiquée.

a. 娄上 étage supérieur

b. 艮行 banque

c. 酉吧 bar

d. 反店 hôtel, restaurant

Activité 11

Complétez les espaces avec l'un des caractères ci-dessous pour former le mot de trois caractères correspondant à la signification indiquée.

- 员
- 车
- 酒
- 泉

a. 火 ..... 站 gare (ferroviaire)

b. 葡萄 ..... vin

c. 矿 ..... 水 eau minérale

d. 服务 ..... personnel de service

Activité 12

Faites correspondre les panneaux ci-dessous avec la traduction qui convient :

禁止停车 Université de Pékin

北京大学 Banque de France

法国银行 À destination de Shanghai

开往上海 Défense de stationner

Activité 13

Complétez le texte suivant en n'utilisant qu'une seule fois l'un des caractères ci-dessous.

我 (wǒ « je, moi ») 星期 ..... (1) 去 (qù « aller ») 北 ..... (2) 开 ..... (3)。我们 (wǒmen « nous ») 下午两 ..... (4) 到 (dào « jusqu'à ») 四点 ..... (5) 开会。晚 ..... (6) 八点三 ..... (7) 去看 (kàn « voir ») 电 ..... (8)。明天 ..... (9) 期天我们去参 ..... (10) 北海公 ..... (11)。

·京	·刻	·影	·观	·园	·上	·点	·会	·星	·半	·六

Activité 14

Placez les phrases en chinois ci-dessous dans l'ordre correspondant au texte français.

« Je prends mon petit-déjeuner le matin à six heures et demie. J'« aime bien » (喜欢 xǐhuān) boire du café. Je ne mange pas de riz au petit-déjeuner. Je « pars travailler » (上班 shàngbān) à sept heures et quart. Je prends ma voiture pour aller travailler. »

1. 我早饭不吃米饭。
2. 我开车上班。
3. 我早上六点半吃早饭。
4. 我喜欢喝咖啡。
5. 我七点一刻去上班。

L'ordre correspondant est : ....

Activité 15

Traduisez le texte suivant.

我**在**南京饭店**住了**四天。第一天服务员说："欢迎**你来**南京饭店住"。我住三楼。第二天上午我去**玄武湖**公园参观，下午去**中山陵**，晚上去看电影。第三、第四天在南京大学开会。第三天中午在广东餐厅吃饭，第四天中午在上海餐厅吃饭，**都很**好吃。第五天早上七点吃早饭。七点三刻坐出租汽车去火车站，坐八点十分**的**火车**回**北京。

在	zài	à, en
住	zhù	habiter, loger
了	le	(particule grammaticale indiquant l'achèvement d'une action)
你	nǐ	tu, toi
来	lái	venir
玄武湖	Xuánwǔ Hú	(nom d'un lac à Nankin)
中山陵	Zhōngshānlíng	(voir la photo ci-dessous)
都	dōu	tout, tous
很	hěn	très
回	huí	retourner, rentrer

的 de est un caractère dont nous avons besoin pour des raisons grammaticales. Vous pouvez l'ignorer dans cette activité – le sens de la phrase ne s'en trouvera pas affecté.

中山陵 Le mausolée de Sun Yat-sen

第七课 – Chapitre 7

Signes et repères (3)

Dans ce chapitre

- Vous apprendrez à déchiffrer quelques publicités.
- Vous découvrirez peu à peu comment lire un menu.
- Enfin, vous saurez remplir des formulaires d'usage courant.

Chapitre 7

Introduction

Nous allons de nouveau déchiffrer ensemble les panneaux et enseignes que vous pouvez rencontrer dans les lieux publics. Ils sont d'un niveau de difficulté plus élevé que ceux que nous avons rencontrés précédemment.

Même si vous reconnaissez seulement un ou deux caractères dans chacune des inscriptions ci-dessous, vous pouvez les faire correspondre à leur équivalent en français. Un exemple vous est donné.

Activité 1

	Inscription		Signification
a.	国际、香港到达	1.	Seule librairie de cette zone
b.	吸烟室	2.	Contrôle des bagages
c.	行李检查	3.	Défense de stationner sur les lignes jaunes
d.	凭票入内	4.	Salle fumeurs
e.	欢迎使用太平洋信用卡	5.	Ligne téléphonique du service de réclamation des voyageurs
f.	办手续	6.	Arrivée internationale et Hong-Kong
g.	旅游投诉电话	7.	Bienvenue aux détenteurs de la carte de crédit Pacifique
h.	南京中国国际旅行社	8.	Accès réservé aux passagers munis de leur billet
i.	黄线范围内禁止停放车辆	9.	Enregistrement
j.	本区唯一书店	10.	China International Travel Service (CITS) de Nankin (agence de voyages nationale chinoise)

Certaines de ces inscriptions figurent sur les panneaux suivants. Quel est le panneau écrit en caractères non simplifiés ?

A.

B.

C.

D.

Vous êtes un homme d'affaires et vous disposez de quelques jours de liberté avant de vous rendre à Shanghai pour des raisons professionnelles.

Vous décidez alors de faire quelques achats. Vous prenez un taxi juste devant l'hôtel. Au moment d'ouvrir la portière avant, vous remarquez un autocollant sur la vitre, portant l'inscription : 前排客座只准坐婦女、兒童 (婦, qui représente une « femme tenant un balai », est la forme non simplifiée du caractère 妇, et 兒 est la forme non simplifiée du caractère 儿, qui signifie « enfant » ou « fils » et qui est également une clé). Le chauffeur pointe du doigt cette inscription et vous indique que vous devez vous asseoir à l'arrière. Savez-vous pourquoi ?

En effet, dans certaines villes – cette inscription a été vue à Shenzhen, près de Hong-Kong – les hommes ne sont pas autorisés à s'asseoir à l'avant d'un taxi, ceci afin de protéger le chauffeur d'éventuels vols ou agressions. On doit penser qu'il est peu probable qu'une femme ait de telles intentions !

Vous arrivez dans un grand centre commercial, dont le plan figure ci-dessous. Observez-le puis faites l'activité suivante. Votre connaissance des clés vous sera fort utile !

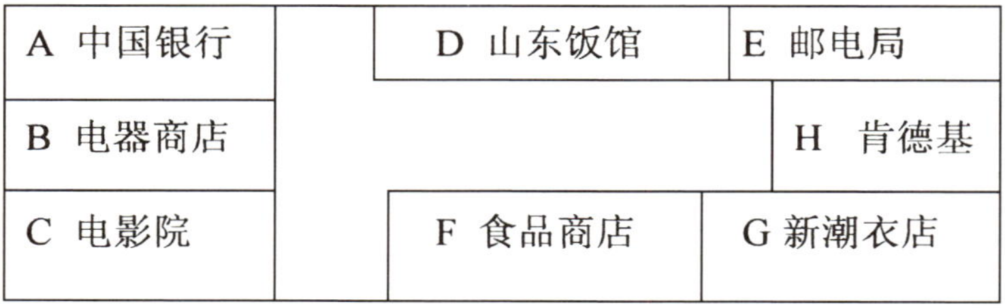

生词 Shēngcí **Mots nouveaux**

Caractère	Pinyin	Signification
局	jú	bureau
器	qì	appareil
品	pǐn	produit, article
商	shāng	commerce, affaire
店	diàn	boutique, magasin

Activité 2

1. D est-il un cinéma ou un restaurant ?
2. Devrez-vous aller en **B** ou en **E** pour poster une lettre ?
3. Où pourrez-vous acheter des vêtements ?
4. Où est la banque ?
5. Achèterez-vous une glace ou du poulet en **H** ?
6. Où pourrez-vous acheter des denrées alimentaires ?

Activité 3

Vous êtes surpris(e) de constater un nombre important de marques occidentales dans ce centre commercial. Cinq marques sont représentées ci-dessous en chinois, avec la transcription pinyin de certains caractères pour vous aider. Traduisez-les. Laquelle vous est la moins familière ?

	Marque	Pinyin	Traduction
a.	柯尼卡	kē ní kǎ	....
b.	肯德基	kěn dé jī	....
c.	贝克啤酒	bèi kè (...)	....
d	春兰冰箱	chūn lán (...)	....
e	可爱多	kě ài duō	....

Si cette activité vous semble trop difficile, ces photographies peuvent vous aider.

a.

b.

c.

d.

e.

Activité 4

Un ami chinois vous raccompagne en voiture à votre hôtel. Vous arrivez à un grand carrefour. Votre ami est un homme remarquable mais un peu « près de ses sous ». Pensez-vous qu'il prendra la voie bifurquant sur la gauche (**a**) ou celle bifurquant sur la droite (**b**) ? Remarquez les caractères 公 (dans **a**) et 费 (dans **b**), déjà rencontrés au chapitre 4.

Quelle voie devrait-il normalement emprunter ?

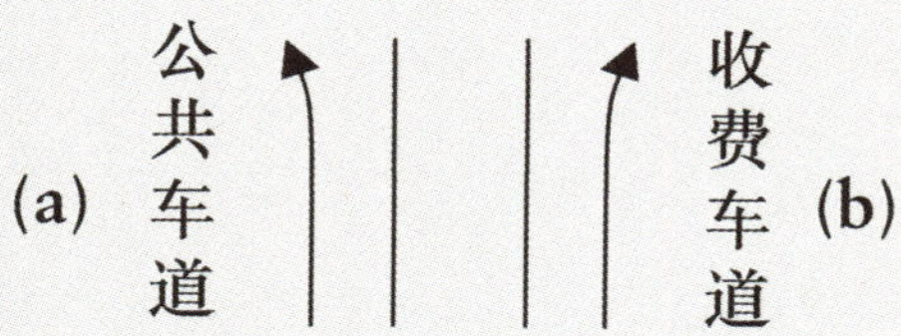

Activité 5

Vous rentrez assez tard à votre hôtel, heureux(se) mais fatigué(e). Vous prévoyez de faire la grasse matinée le lendemain et de prendre le petit-déjeuner dans votre chambre. Malheureusement, la carte dont vous disposez pour commander votre petit-déjeuner est rédigée exclusivement en chinois (voir ci-dessous). À vous de jouer !

Vous avez le choix entre quatre sortes de petits-déjeuners. Lesquelles ? Suivez l'ordre proposé sur la carte (**a**, **b**, **c**, **d**).

贵宾姓名: ______________________________

人　　数: ______________________________

签　　名: ______________________________

房间号码: ______________________________

日　　期: ______________________________

所需服务时间

☐ 6:00 – 6:30 ☐ 6:30 – 7:00 ☐ 7:00 – 7:30 ☐ 7:30 – 8:00

☐ 8:00 – 8:30 ☐ 8:30 – 9:00 ☐ 9:00 – 9:30 ☐ 9:30 – 10:00

a. 国际特式早餐 80.00

各式果汁任选

☐ 橙汁 ☐ 蜜瓜汁 ☐ 西瓜汁

扒芝士火腿多士

蛋花热麦片

新鲜提子苹果碟

饮料任选

☐ 咖啡 ☐ 茶

b. 美式早餐 78.00

各式冰冻果汁任选

☐ 橙汁 ☐ 西柚汁 ☐ 菠萝汁

☐ 提子汁 ☐ 苹果汁 ☐ 蕃茄汁

农场鲜鸡蛋两只任选

☐ 炒 ☐ 煎双面蛋 ☐ 煎

☐ 波 ☐ 焓.... ....分钟

配

☐ 火腿 ☐ 烟肉 ☐ 香肠

特式包点两件

☐ 牛角包 ☐ 丹麦包 ☐ 多士

☐ 麦菲 ☐ 早餐包

新鲜水果伴酸奶

饮料任选

☐ 咖啡 ☐ 茶

c. 欧陆式早餐 59.00

各式冰冻果汁任选

☐ 橙汁 ☐ 西柚汁 ☐ 菠萝汁

☐ 提子汁 ☐ 苹果汁 ☐ 蕃茄汁

特式包点两件

☐ 牛角包 ☐ 丹麦包 ☐ 多士

☐ 麦菲 ☐ 早餐包

选择其中一款

☐ 酸奶 ☐ 鲜果碟

饮料任选

☐ 咖啡 ☐ 茶

d. 中式早餐 63.00

瑶柱、白果白粥

腩汁蒸肠粉

选择其中一款

☐ 炸油条 ☐ 叉烧包

中国茶

所有价格另加15%服务费

e. Que signifient les deux derniers caractères dans chaque intitulé de petit-déjeuner ?

f. En plus de 早餐, quel autre caractère retrouve-t-on dans tous les intitulés ?

g. Que signifie ce caractère ?

h. Sur les cinq premières lignes, en haut de la carte, il vous est demandé d'indiquer divers renseignements tels que votre nom, le nombre de personnes, votre signature, votre numéro de chambre et la date. Pouvez-vous compléter ces lignes ? Imaginons que nous sommes le 10 août.

Activité 6

Vous choisissez la troisième sorte de petit-déjeuner à 59 ¥. Vous comprenez que les caractères précédés d'une case indiquent qu'il vous faut cocher l'une d'entre elles pour passer votre commande. Ce que vous faites, avant de suspendre la carte à la poignée de porte extérieure de la chambre. Le lendemain matin, on vous apporte un plateau avec du jus de pomme, deux croissants, un yaourt et du café (tiède).

a. Retrouvez puis cochez les cases correspondant à ce qui vous a été servi.
b. Identifiez puis écrivez les caractères désignant le « coût du service ».
c. Combien vous sera facturé ce service pour un tel petit-déjeuner ?

Activité 7

Après avoir pris votre petit-déjeuner, vous décidez de remplir le questionnaire de satisfaction. Dans la section « restauration », vous souhaitez donner l'appréciation de « bon » au restaurant cantonais, « très bon » au restaurant du Sichuan et « moyen » au service d'étage (le café n'était pas assez chaud). Quelles cases devez-vous cocher ?

	很好	好	一般	差
广东餐厅				
四川餐厅				
送餐服务				

Activité 8

Vous devez confirmer votre vol pour Shanghai à l'aide du formulaire suivant. La traduction française en a été effacée. Vous allez devoir deviner la signification de certaines mentions. Commencez par remplir en chinois les rubriques que vous comprenez.

Formulaire de confirmation de vol **航班确认申请**

姓 ....

名 ....

房号 ....

航空公司 ....

离开日期 ....

护照号码 ....

航班号 ....

起飞时间 ....

目的地 ....

备注 ....

日期 ....

客人签名 ....

接收人 ....

Activité 9

Vous devez à présent réserver un hôtel à Shanghai. Un(e) ami(e) vous a remis deux listes, l'une rédigée en chinois, l'autre en anglais, mais les noms d'hôtels n'y sont pas inscrits dans le même ordre. Trouvez les noms correspondants, en gardant à l'esprit que les traductions anglaises, bien qu'authentiques, ne sont pas toujours parfaitement fidèles à la version chinoise.

	Nom chinois		Nom anglais
1.	城市酒店 (上海)	a.	*Garden Hotel Shanghai* (*Garden* = « jardin »)
2.	上海日航飯店	b.	*Hotel Equatorial*
3.	上海揚子江大酒店	c.	*Hotel Nikko Shanghai*
4.	花園飯店 (上海)	d.	*GITIC Plaza Hotel*
5.	广东国际大酒店	e.	*City Hotel Shanghai*
6.	上海国际贵都大饭店	f.	*Yangtze New World Hotel*

Votre ami(e) a dû faire une erreur car l'un de ces hôtels n'est même pas à Shanghai ! Lequel ?

1.

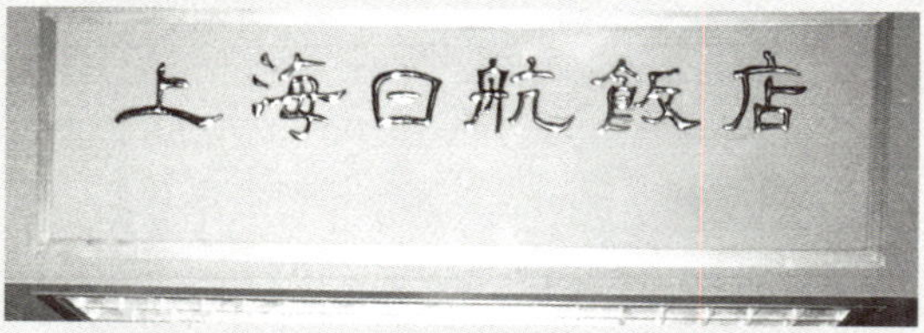

2.

3.

4. Okura 花園飯店(上海)

5. 广东国际大酒店

6. 上海国际贵都大饭店

Activité 10

Regardez plus attentivement le nom de ces hôtels en chinois.

1. Trouve-t-on toujours les mêmes caractères pour exprimer le terme « hôtel » ?

2. Quels sont les trois noms dont le caractère « grand » est placé devant le mot « hôtel » ?

3. Les caractères 花園飯店 sont-ils simplifiés ou non simplifiés ?

4. Où sont placés les caractères signifiant « Shanghai » dans le nom chinois correspondant à *Hotel Nikko Shanghai* ?

5. Sur quelles autres enseignes ces caractères sont-ils placés au même endroit ?

6. Quels sont les deux noms d'hôtels où « Shanghai » est indiqué entre parenthèses ?

7. Quels sont les deux noms d'hôtels où « Shanghai » apparaît en chinois mais pas en anglais ?

Activité 11

Vous vous rappelez soudain que vous devez adresser une lettre importante à un collègue de travail, actuellement en vacances et injoignable par téléphone, par fax ou par courrier électronique (电子邮件 diànzǐyóujiàn). Vous vous empressez de rédiger cette lettre. Vous avez trouvé une enveloppe sur votre bureau.

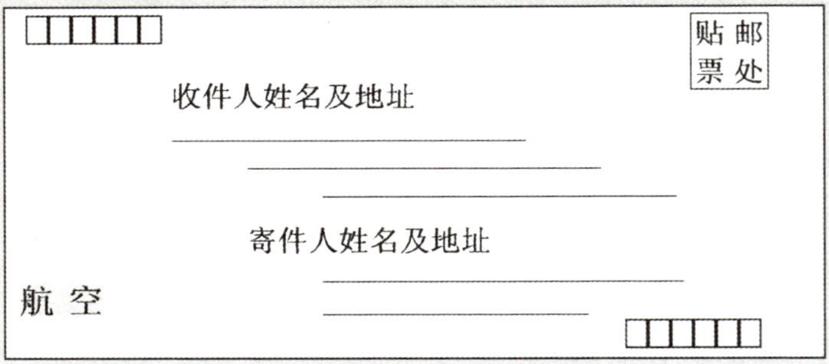

a. Que signifie selon vous 航空 ? (Voir la clé 舟.)

b. Entourez les deux caractères signifiant « timbre-poste ». (贴邮票处 signifie « emplacement pour coller le(s) timbre(s) ». Voir « bureau de poste » dans l'activité 2.)

c. Vous savez que 姓名 signifie « nom » (nom et prénom) et que 地址 signifie « adresse ». Que signifie alors 及, selon vous ?

d. 收 dans 收件人 signifie « recevoir ». Que signifie alors 寄 dans 寄件人 ?

e. Écrivez les caractères signifiant « expéditeur » et « destinataire ».

第八课 – Chapitre 8

Les loisirs

Dans ce chapitre

- Vous apprendrez à lire des caractères figurant sur des billets ou des tickets.
- Vous pourrez déchiffrer des affiches de spectacles ou d'expositions.
- Vous saurez écrire des sommes d'argent.
- Vous connaîtrez des unités de poids et mesures.
- Enfin, vous découvrirez de nouveaux noms de villes et de provinces chinoises.

Introduction

Après une journée bien chargée, vous décidez d'aller voir un film chinois.

Ce soir, trois films sont à l'affiche du cinéma le plus proche.

红楼
电影院

今、明日电影

《大上海》	今晚七点、九点十分（客满）
《南方来信》	今晚八点一刻，明天上午十点半
《红河谷》	今晚九点二十，明晚六点四十五

- 红 hóng rouge
- 谷 gǔ vallée

Activité 1

Indiquez vos réponses en chinois.

a. Quel est le nom de ce cinéma ?
b. Quel film affiche « complet » ?
c. Il est bientôt 20 heures. Quel est le premier film que vous pouvez encore voir ?
d. Quels films seront encore projetés le lendemain ?

Trouver sa place au cinéma, au concert...

Avant d'entrer dans une salle de spectacles, au cinéma par exemple, vous devez vérifier si votre place est paire ou impaire. En effet, les sièges portant un numéro pair sont placés dans une partie de la salle, les impairs dans l'autre. Les places sont numérotées à partir du milieu de la salle.

Ainsi, dans chaque rangée, la place portant le numéro 1 est la seule place impaire située juste à côté d'une place paire (la place portant le numéro 2).

Si votre numéro est pair, vous devrez suivre le signe 双号 shuānghào et, s'il est impair, le signe 单号 dānhào. Ces indications vous aideront si vous achetez vous-même vos billets.

Il vous sera également utile de savoir que 楼上 lóushàng signifie « étage supérieur » (« balcon » dans le cas présent) et que 楼下 lóuxià signifie « étage inférieur » ou « rez-de-chaussée » (« orchestre » dans le cas présent).

Activité 2

Voici votre billet de cinéma.

红楼电影院	电影票
六月二十日	楼上
晚七点四十五分	九排十八号

1. Votre place est-elle au balcon ou à l'orchestre ?
2. Quelle entrée devez-vous emprunter (celle des numéros pairs ou impairs) ?
3. À quelle heure débute la séance ?
4. Quelle est la date inscrite sur ce billet ?

Activité 3

Vous êtes à 北京饭店. Regardez ci-dessous le panneau d'arrêt de bus.

À présent, comptez le nombre de stations et indiquez la direction pour aller :

a. Au jardin du Peuple.

b. Au terrain de jeux pour enfants.

c. Au marché Tiandi (« ciel » et « terre »).

d. À l'hôpital de l'Est.

Activité 4

Regardez les affiches suivantes, puis répondez aux questions.

Ces questions peuvent concerner une ou plusieurs affiches.

A	
	英文图书展销会
时间	五月七日至五月十八日
地点	星星书店 (学院路1号)
免费入场	

B	
	法国印象派画展
时间	五月十四日至五月二十日
地点	中国美术馆
票价	20元

C	
	日本电器产品展销会
时间	六月二十四日至七月九日
地点	北京展览馆
票价	10元

1. Combien coûte le billet d'entrée pour l'exposition « les Impressionnistes français » ?

2. Quel type de produits peut-on acheter à la foire-exposition japonaise ?

3. En quelle langue sont écrits les livres présentés à la librairie l'Étoile ?

4. Combien de jours dure l'exposition « les Impressionnistes français » ?

5. Quelle exposition est-elle gratuite ?

6. Quelle exposition dure-t-elle le plus longtemps ?

Activité 5

Voici un type de formulaire assez couramment employé. Que signifient les différentes rubriques ? Les lettres indiquées vous permettront de vérifier plus facilement vos réponses.

a 姓名:	b 中文:	c 英文:
d 性别:	e 出生年月:	年 月 日
f 现住址:		
g 电话:	h 工作单位:	

Les unités de poids et mesures

En Chine, le système de poids et mesures est presque le même qu'en France.

La Chine a adopté le système métrique, mais utilise encore quelques unités de mesures particulières. Consultez la liste ci-dessous.

1 米	mǐ	= 1 m	1 公斤	gōngjīn	= 1 kg
1 尺	chǐ	= 1/3 米 (un pied)	1 斤	jīn	= 0,5 公斤 (une livre)
1 码	mǎ	= 0,914 米	1 磅	bàng	= 0,454 公斤
1 公里	gōnglǐ	= 1 000 米 (1 km)			

Remarque : notez que 斤 est également une clé.

Activité 6

Vous préparez une petite note pour indiquer votre destination à un chauffeur de taxi.

Ce n'est pas indispensable, mais vous pouvez commencer par écrire 我要去 qui signifie « je veux aller à ». Exemple : « Je veux aller au 12, rue de la Paix » : 我要去和平路12号.

Écrivez les destinations suivantes. Vous trouverez les caractères à utiliser sur le panneau de bus de l'activité 3 de ce chapitre, p. 101.

a. 8, rue du Lac de l'Ouest
b. Hôtel oriental
c. Terrain de jeux pour enfants
d. Jardin du Peuple

Activité 7

Indiquez l'ordre des traits des caractères suivants, puis inscrivez leur clé entre parenthèses.

饭	....	(..........................)
楼	....	(..........................)
河	....	(..........................)
院	....	(..........................)
场	....	(..........................)

Vous êtes maintenant en route pour l'aéroport.
Une fois arrivé(e), vous devrez tout d'abord régler la taxe d'aéroport.

Combien coûte cette taxe ? Cinquante yuans, en effet.
Toutefois, avez-vous remarqué que « 50 » n'est pas écrit 五十 mais 伍拾 ?

Écrire des sommes d'argent

Pour indiquer des montants sur les billets de banque ou les tickets, inscrire des sommes d'argent sur les chèques, des formulaires bancaires ou postaux, par exemple, on utilise des caractères particuliers, différents de ceux que vous avez appris dans le chapitre 4.

Ces caractères « compliqués » sont employés afin d'éviter des erreurs ou des falsifications que l'on pourrait plus facilement commettre en utilisant les caractères « simples », telles que la transformation de 一 en 三, par exemple.

Comparez vous-même ces deux écritures des nombres de 1 à 10 :

Caractères « simples » : 一 二 三 四 五 六 七 八 九 十
Caractères « compliqués » : 壹 贰 叁 肆 伍 陆 柒 捌 玖 拾

Voici trois billets de banque qui fournissent des exemples d'utilisation de ces caractères « compliqués ». Vous remarquerez que ces billets comportent le caractère 圆 yuán, forme non simplifiée du caractère 元 yuán, qui symbolise l'unité monétaire chinoise. Le 元 yuán se divise en dix 角 jiǎo.

Activité 8

Vos activités professionnelles à 上海 étant terminées, vous allez maintenant prendre l'avion depuis 上海 pour rentrer en France via 香港 (Hong-Kong). Voici votre carte d'embarquement (登机牌).

Air China		登机牌	中国民航	
航班号	日期	时间	目的地	登机门
5359	六月七日	九点四十	香港	后门

a. Quels sont les caractères signifiant « destination » ?
b. Quelles sont la date et l'heure de votre vol ?
c. Devez-vous embarquer par la porte avant ou la porte arrière de l'appareil ?

Regardez ci-dessous le menu du repas qui sera servi à bord. On vous le présente écrit avec des caractères simplifiés à gauche, et non simplifiés à droite (version originale).

轻膳	**輕膳**
上海 -- 香港	上海 -- 香港
青瓜沙律	青瓜沙律
*	*
韩式牛骨排	韓式牛骨排
白饭	白飯
中式鲜蔬	中式鮮蔬
或	或
咖哩烩鸡	咖哩燴雞
野米饭	野米飯
*	*
鲜果	鮮菓
*	*
面包、牛油	麵包、牛油
*	*
红茶、日本绿茶、中国茶	紅茶、日本綠茶、中國茶
咖啡	咖啡

Activité 9

Les questions suivantes portent sur le menu ci-dessus. Pour y répondre plus facilement, vous pouvez entourer certaines réponses directement sur ce menu, plutôt que de les écrire ou les traduire.

a. Que signifient les caractères 香港 ?

b. Le plat est-il servi avec du riz ?

c. Y a-t-il du bœuf 牛 ou bien de l'agneau 羊 au menu ?

d. Quel caractère signifiant « ou » est inscrit entre les deux plats à choisir ?

e. Quel est le dessert ? Retrouvez le caractère signifiant « frais », chapitre 2, activité 2.

f. Quelles boissons chaudes pouvez-vous commander après le repas ?
(红 hóng signifie « rouge » et 绿 lǜ « vert »)

Vous êtes maintenant à bord du vol retour, à destination de Paris (巴黎). L'équipage de l'avion vous propose différents services, présentés sur la carte ci-dessous.

香港 ‖ 巴黎

鸡尾酒

*

晚餐

*

免税精品销售

*

小吃

鸡味即食面

三文治

阁下如需享用以上各款小吃，请向机舱服务员索取

*

免税精品销售

请注意，此项服务于航机抵达目的地之两小时前停止。

*

热毛巾及果汁

*

Activité 10

Répondez aux questions suivantes. Certaines peuvent vous sembler difficiles.

a. Combien de fois est mentionnée l'expression « détaxe » (voir chapitre 6, activité 7) ?

b. Combien d'heures avant l'atterrissage peut-on encore acheter quelque chose à bord ?

c. Entourez les caractères signifiant « personnel de service ».

d. Que signifie selon vous 小吃 ?

e. Est-ce « collation » ou bien « dîner » qui est indiqué en premier sur le menu ?

f. Qu'est-ce qu'un 三文治 sānwénzhì ? Prononcez ce mot à voix haute pour le deviner.

g. Que vous est-il apporté avec la serviette rafraîchissante : une pomme, du jus de fruit ou bien du café ?

Les divisions administratives en Chine

En Chine, les divisions administratives sont les suivantes :

- Quatre municipalités autonomes (Pékin, Shanghai, Tianjin et Chongqing),
- Vingt-deux provinces (excepté Taiwan),
- Cinq régions autonomes (dont le Tibet),
- Deux régions administratives spéciales (Hong-Kong et Macao).

Tous ces noms de lieux ont une abréviation, consistant en un seul caractère, dont voici quelques exemples :

Nom	Pinyin	Abréviation
北京	Běijīng	京
上海	Shànghǎi	沪 hù
天津	Tiānjīn	津
山东	Shāndōng	鲁 lǔ
湖南	Húnán	湘 xiāng
四川	Sìchuān	川
广东	Guǎngdōng	粤 yuè
香港	Xiānggǎng	港
青海	Qīnghǎi	青
西藏	Xīzàng	藏

Ces abréviations sont souvent utilisées.

- Certaines lignes de chemin de fer et certaines routes doivent ainsi leur nom aux deux villes ou aux deux provinces qu'elles relient.
Par exemple : 京沪线 (线 xiàn signifie « ligne (de chemin de fer) »), 京津公路 (公路 gōnglù « route »), 青藏公路, etc.
- Les styles régionaux d'opéra sont nommés 京剧, 沪剧, 川剧 (剧 jù « théâtre »).
- De la même manière, les cuisines régionales sont appelées 川菜, 粤菜, etc. (菜 cài « légume, plat »).

第九课 – Chapitre 9

Former des phrases

Dans ce chapitre

- Vous apprendrez des formules de politesse et des expressions idiomatiques utilisant des nombres.
- Vous serez capable d'écrire des cartes postales ou des petits messages.
- Vous saurez lire des prévisions météorologiques.
- Enfin, vous découvrirez la calligraphie chinoise.

Introduction

Vous allez apprendre à écrire des cartes postales et rédiger de petits messages en chinois.

Vous apprendrez également quelques termes généraux pour indiquer le temps qu'il fait. Enfin, vous découvrirez la calligraphie et différents styles d'écriture des caractères, toujours très prisés des Chinois.

Vous êtes rentré(e) en France depuis plusieurs mois. Pour l'anniversaire de votre ami(e) chinois(e), vous avez rédigé une carte postale dont vous êtes très satisfait(e). Vous avez fait de grands progrès !

大明,

你好！

我回法国已经四个月了, 工作常常很忙,

可是我很高兴。

我很想你！下个月是你的生日，祝你：

生日快乐！身体健康！工作愉快！万事如意！

你的朋友

玛丽

九月十八日

生词 Shēngcí **Mots nouveaux**

Mot	Pinyin	Signification
已经	yǐjīng	déjà
工作	gōngzuò	travail, travailler
常常	chángcháng	souvent
忙	máng	occupé
可是	kěshì	mais, pourtant
高兴	gāoxìng	content, heureux
想	xiǎng	penser à (une personne)
生日	shēngrì	anniversaire
祝	zhù	souhaiter
快乐	kuàilè	joyeux, gai
身体	shēntǐ	corps, santé
健康	jiànkāng	sain, en bonne santé
万事	wànshì	toute chose (littéralement « 10 000 choses »)
如意	rúyì	tel qu'on le souhaite
朋友	péngyou	ami

À la fin d'une lettre ou d'une conversation, les Chinois emploient souvent les formules de politesse ou expressions suivantes :

Expression	Signification littérale	Signification
祝你 :		Je vous (te) souhaite :
走运 !	« marcher chanceux »	« Bonne chance ! »
生日快乐 !	« anniversaire joyeux »	« Joyeux anniversaire ! »
一路平安 !	« tout au long du chemin, sain et sauf »	« Bon voyage ! »
身体健康 !	« corps en bonne santé »	« Bonne santé ! »
工作愉快 !	« travail joyeux »	« Travaillez dans la joie ! »
万事如意 !	« 10 000 choses selon vos souhaits »	« Que tous vos vœux se réalisent ! »

Pendant les fêtes, on présente ses vœux de la façon suivante :

Vœu	Mot	Signifi-cation	Mot	Signifi-cation	Signification du vœu
祝你 :					Je vous(te) souhaite :
新年快乐 !	新	nouveau	年	année	Bonne année !
春节快乐 !	春	printemps	节	fête	Bon nouvel an chinois !
情人节快乐 !	情	sentiment	情人	un amoureux	Joyeuse Saint-Valentin !
复活节快乐 !	复	encore	活	vivant	Joyeuses Pâques !
圣诞节快乐 !	圣	saint	诞	naissance	Joyeux Noël !

L'usage de « dix mille »

Les nombres sont très souvent employés dans les expressions courantes chinoises et cet usage est le reflet de l'intérêt que leur portent les Chinois.

L'expression 万事如意 en est un bon exemple et le caractère 万 est particulièrement intéressant à étudier.

En français, la notion de grandeur « dix mille » est formée de « dix » fois « mille ».

En chinois, « dix mille » est représenté par un seul caractère : 万, qui constitue ainsi une unité supplémentaire du système décimal.

Depuis longtemps, la langue et la culture chinoises apprécient particulièrement ce caractère, qui s'emploie également pour symboliser un « très grand nombre ».

Quand la langue française utilise l'expression « Longue vie ! » pour souhaiter une longue durée de vie à quelqu'un, le chinois utilise 万岁 wànsuì qui signifie « (souhaiter) dix mille ans (de longévité) ».

Autrefois, ce terme était employé pour s'adresser à l'empereur ou pour le saluer.

Sous la présidence de Mao Zedong, les partisans du leader chinois brandissaient son Petit Livre rouge et le saluaient en clamant :

« 毛主席万岁、万万岁 ! » Máo zhǔxí wànsuì, wàn wàn suì !

主席 zhǔxí signifie « président ».

Voici quelques autres expressions idiomatiques utilisant des nombres :

Expression	Signification littérale
一心一意	un cœur, une intention
三心二意	trois cœurs, deux intentions
一心二用	un cœur, deux utilisations
一国两制	un pays, deux systèmes
三言两语	trois mots, deux paroles
七上八下	sept hauts, huit bas
百年大计	100 ans, grand projet
千山万水	1 000 montagnes, 10 000 eaux
千家万户	1 000 familles, 10 000 foyers
千言万语	1 000 mots, 10 000 paroles

Activité 1

De meilleures traductions de certaines de ces expressions sont présentées ci-dessous, mais dans un ordre différent. Retrouvez les expressions correspondantes.

- Ne pas donner tout son cœur à l'ouvrage, être déconcentré
- Être hésitant, sans entrain
- De tout cœur et avec toute son attention, être concentré
- Être perplexe, dans un état de grande inquiétude
- Brièvement, en peu de mots
- (Couvrant) une longue distance, un vaste territoire
- Chaque famille, chaque foyer
- (Avoir) mille choses à exprimer
- Un grand projet pour des générations à venir

Activité 2

Pour parler de la pluie et du beau temps, sachez donc indiquer le temps qu'il fait !

Voici les 天气预报 tiānqì yùbào « prévisions météorologiques » du journal d'aujourd'hui.

<人民日报>	四月二十七日 星期六
	天气预报
今天白天晴	今天晚上阴，有小雨
风向：南风	风向：西北
风力：一、二级	风力：四、五级
最高气温20 °C	最低气温8 °C

1. À quel moment devrait-il faire beau aujourd'hui ?
2. Quelle devrait être la direction du vent :
   a. pendant la journée ? **b.** pendant la soirée ?
3. La force du vent devrait-elle être plus grande pendant la soirée ou pendant la journée ?
4. Quand devrait-il pleuvoir ?
5. Quel jour serons-nous demain ?

报上说今天不会下雨

Mais il est écrit dans le journal qu'il ne pleuvrait pas aujourd'hui !

Activité 3

Lisez les cartes postales suivantes, puis répondez aux questions qui vous sont posées. Chaque question peut concerner l'une ou l'autre de ces cartes.

小王:

你好！
我们的会谈很成功， 我认识了很多新朋友。
我现在住在和平饭店， 这里的饭菜都很好吃。

祝你春节快乐！

你的朋友 李和平
二OO六年一月十五日

美:

你好！南京天气很不好，天天下雨。我很想你。
祝你情人节快乐！爱你！

大海
二月六日

小明:

你好！
北京真好。每天天气都很好，不冷不热。
昨天我去了人民大会堂。我明天去西安。

祝你圣诞节快乐！

你的朋友 马天民
二OOO年十二月七号

1. Dans quel hôtel Li Heping (李和平) a-t-il séjourné ?
2. Comment Li Heping a-t-il qualifié la nourriture servie à l'hôtel ?
3. Dans quelle ville Ma Tianmin (马天民) a-t-il séjourné ?
4. Où indique-t-il être allé la veille ?
5. Dans quelle ville faisait-il beau (« bon ») temps ?
6. Où pleuvait-il ?
7. Pour quelle raison Dahai (大海) écrit-il à Mei ?
8. Où Ma Tianmin indique-t-il aller le lendemain ?
9. À quelle date Li Heping écrit-il à Xiao Wang ?

Le sens de lecture des caractères

Traditionnellement, on lisait le chinois de droite à gauche et de haut en bas.

Cet usage est largement conservé à Hong-Kong et à Taiwan, où la plupart des livres et des journaux y sont encore imprimés verticalement. En voici une illustration.

平衡集

英語

九七年前，人們對回歸祖國以後有很大假設或者看法，到了今天發覺並不一一實現，例如九七年之後此地人們不再覺得要學好英語。

近十年間，香港的大學生英語水準下降是人所周知的事，法律學生自不例外，於是早幾年前有些人覺得香港法庭變成中文世界的日子即將來臨，英語好不好也不打緊了，法庭遲早全用中文聆訊，政治正確最重要。

那知道過了九七，不止香港人仍在學英語，國內的人更多在學英語，原來，根據統計數字，此刻中國國內在學英語的學生比在美國說英語的美國人還要多。

La calligraphie

Aujourd'hui encore, la calligraphie (art de bien former les caractères d'écriture) est hautement considérée en Chine. Des lettrés accrochent sur leurs murs des œuvres admirablement entoilées sur des rouleaux, comme nous le ferions d'un tableau de Monet ou de Picasso, par exemple. Comme les peintres, les calligraphes ont leur propre style, donc leurs admirateurs et leurs critiques.

Puisque la calligraphie est un art dont les origines sont très anciennes, les caractères sont toujours écrits de façon traditionnelle – de haut en bas – et généralement dans leur forme non simplifiée que l'on trouve plus élégante. Regardez les exemples ci-dessous.

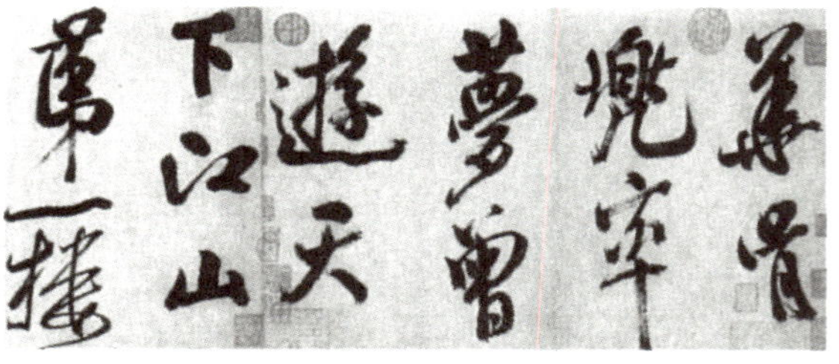

北宋　米芾　多景楼帖册
Album de calligraphie Duo Jing Lou (détail) Par Mi Fu
• Dynastie des Song du Nord • Écriture courante

元　倪瓒　渔庄秋霁图轴
Village de pêcheurs par une claire journée d'automne
Par Ni Zan • Dynastie Yuan

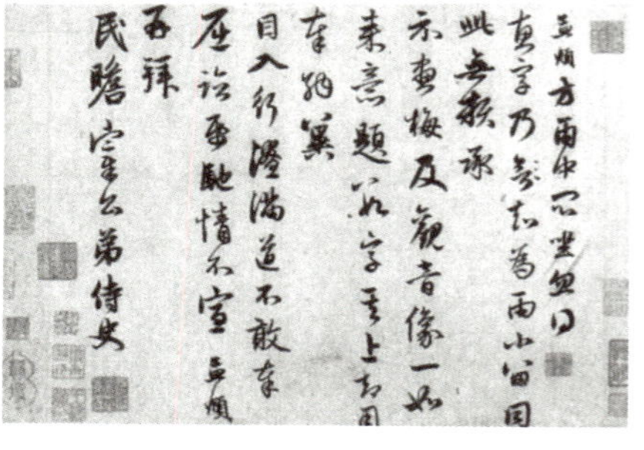

元　赵孟頫　十札卷
Dix lettres en écriture courante (détail)
Par Zhao Mengfu • Dynastie Yuan

明　沈周　仿大痴山水图轴
Paysage, d'après Da Chi
Par Shen Zhou • Dynastie Ming

Étudiez à présent les deux vers ci-dessous, écrits dans deux styles différents.

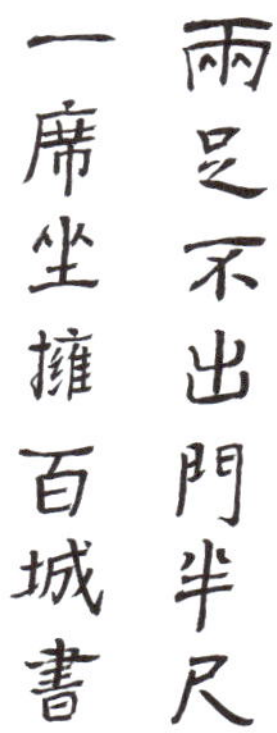

A.

B.

兩足不出門半尺
一席坐擁百城書

两足不出门半尺
一席坐拥百城书

Retrouvez ces deux vers en caractères d'imprimerie. La version de droite est en caractères simplifiés. Vous trouverez ci-après les mots nouveaux et la traduction de ces vers. Savez-vous que vous avez déjà rencontré douze des quatorze caractères qui composent ces vers ?

生词 Shēngcí Mots nouveaux

Mot	Pinyin	Signification
席	xí	siège, place (voir 主席 « président »), natte (de paille)
拥	yōng	posséder, entourer (voir la clé de la main 扌)
城	chéng	ville (voir la clé de la terre 土)

两	足	不	出	门	半	尺
deux	pied	ne pas	sortir	porte	moitié	pied (unité de mesure)
一	席	坐	拥	百	城	书
un	siège	s'asseoir	avoir	cent	ville	livre

(Je) n'ai pas (besoin) de mettre un pied dehors,

(Je suis déjà) assis, entouré de livres (venus) de cent villes.

Étudiez maintenant les huit caractères suivants. Vous devez les lire de droite à gauche et de haut en bas. Ici encore, ils sont écrits dans deux styles différents.

A.

B.

独立自主	être indépendant et autonome
自力更生	dépendre de sa propre force pour renaître

生词 Shēngcí Mots nouveaux

Mot	Pinyin	Signification
独	dú	indépendant, seul
立	lì	être debout (立 est aussi une clé)
自	zì	soi-même (自 est aussi une clé)
主	zhǔ	prendre l'initiative, présider
更	gēng	changer, remplacer

Activité 4

Testons votre capacité à identifier des caractères « stylisés ». Même si cela vous semble un peu difficile, étudiez le panneau suivant, puis répondez aux questions.

Souvenez-vous qu'en Chine les panneaux et enseignes qui peuvent aider ou orienter des étrangers sont souvent traduits en anglais. (Voir la rubrique « Traduction des enseignes », chapitre 5, p. 72.)

1. Écrivez ci-contre les caractères manquants pour signifier *snack* « fast-food » et *tea* « thé » (« salon de thé » en réalité) : 中西..... 餐, ... 座

2. Écrivez les caractères manquants pour signifier *Conference (Room)* « (salle de) conférence » : .... 厅

3. Reproduisez le caractère situé après 大 en l'écrivant dans sa forme non stylisée : .....

4. Que signifient les quatre derniers caractères ?

Les sceaux

En Chine, les sceaux sont utilisés dans la vie publique comme dans la vie privée.

Ils font ainsi office de signature sur des documents officiels, des formulaires bancaires ou postaux, mais aussi sur des œuvres d'art (regardez à nouveau les exemples de peinture et de calligraphie présentés ci-dessus).

Au même titre que la calligraphie, les sceaux sont perçus comme une forme d'art, puisqu'ils nécessitent une belle écriture ainsi qu'une technique particulière adaptée à leur fonction.

Les trois sceaux suivants donnent une idée des différents styles.

Dynastie des Han occidentaux 西汉

(206 av. J.-C – 23 ap. J.-C)

Dynastie des Jin occidentaux 西晋

(265–316 ap. J.-C)

Dynastie Qing 清

(1644–1911 ap. J.-C)

TEST N°2

Activité 1

Corrigez l'enchaînement des mots dans chacune des phrases suivantes. Indiquez ensuite l'ordre de lecture à suivre pour que ces phrases se succèdent chronologiquement.

1. 我休息中午。
2. 我十一点睡觉晚上。
3. 我四点下午去喝茶。
4. 我起床七点一刻早上。

Ordre de lecture : ....

Activité 2

Sur une enveloppe, écrivez en chinois l'adresse de votre correspondant. Gardez en mémoire que les Chinois écrivent d'abord le « général », puis le « particulier » : le pays et la ville, puis l'adresse du destinataire.

M. Wang Mingshan
Université internationale
9, rue du Lac de l'Est
Nankin Chine

Pour écrire son nom, souvenez-vous de míng « clair » et de shān « montagne ».

Activité 3

Un(e) ami(e) chinois(e), qui ne comprend pas le français, souhaite vous rendre visite à l'hôtel. Vous lui laissez un mot à la réception pour lui indiquer votre emploi du temps de la journée.
Employez le formulaire et les renseignements suivants pour écrire ce mot en chinois.

Où es-tu ? **你在哪里？**

Date 日期..

Je serai à 我将在..

De (matin ou après-midi) à (matin ou après-midi)

从上午/下午 .... 至上午/下午 ....

Remarques 备注..

....

Nom, prénom 姓名.............................. Chambre n° 房号..............................

Signature 签名..

Peace Hotel 西安

Xi'an 和平宾馆

TEST N°2

- Nous sommes le 6 septembre.
- Vous serez à l'université de l'Est (Orient) de 8h30 (du matin) à 4h30 (de l'après-midi).
- À la rubrique « Remarques » : vous reviendrez à l'hôtel à 5 heures (de l'après-midi).
- Votre numéro de chambre est le 526 et votre nom est Marie/Laurent Roi.

Activité 4

Écrivez à présent une carte postale, que vous enverrez à votre amie chinoise de Pékin, pour lui dire :

« J'aime beaucoup Shanghai. Il fait beau temps mais il y a souvent du vent (有风). Je vais prendre le train pour aller à Nankin, (et) rentrer à Pékin le 5 mars. Je pense à toi. »

(Pour vous aider, consultez le vocabulaire de l'activité 15, chapitre 6.)

Activité 5

Vous êtes toujours à l'hôtel. Observez les enseignes suivantes, puis répondez aux questions.

A.

百香咖啡厅
位于一楼
24 小时营业

1. Écrivez-le nom chinois de *Pepper's*.
2. Est-ce un restaurant ?
3. À quel étage de l'hôtel est-il situé ?
4. Quelles sont ses heures d'ouverture ?

B.

艺苑酒廊
位于二楼
早晨 11h 至凌晨 1h 营业

1. À quel étage ce lieu est-il situé ?
2. Quelles sont ses heures d'ouverture ?

TEST N°2

C.

香怡阁

正宗粤式烹饪

位于三楼

午餐 : 11h30 – 14h

晚餐 : 17h30 – 22h30

1. Quelles spécialités sont-elles servies dans ce restaurant ?
(Voir la rubrique « Les divisions administratives en Chine », p. 108.)

2. À quel étage est-il situé ? **3.** Y sert-on des petits-déjeuners ?

D.

罗马意大利餐厅

正宗意大利风味

位于三楼

晚餐 : 17h30 – 22h30

1. De quel pays proviennent les spécialités de ce restaurant ?
(Voir les noms de pays dans le chapitre 5.)

2. À quel étage est-il situé ? **3.** Ouvre-t-il pour le déjeuner ou pour le dîner ?

Activité 6

Regardez attentivement les photographies suivantes.

Test n°2

1. Quelle est la fonction du local situé derrière l'enseigne publicitaire pour la bière Beck's® ?

(Les caractères au-dessus de la publicité sont 游船售票处.)

2. Le panneau ci-dessous fait-il de la publicité pour des glaces, des congélateurs ou des meubles ?

3. Dans quelle ville la photo ci-dessous a-t-elle été prise ? Quelle administration a fait installer cette enseigne ? Cherchez les caractères qui ne vous sont pas familiers dans le dictionnaire.

Test n°2

Activité 7

Étudiez ci-dessous le tableau des départs, puis répondez aux questions. Souvenez-vous de 台, présenté dans le chapitre 5, p. 60.

车次	开往	时间	站台
123	南京	12点05分	12
214	西安	12点17分	4
14	上海	13点26分	6
27	北京	14点30分	9

Sur quel quai devez-vous aller si vous voyagez en direction de ...

• Pékin ? • Xi'an ? • Nankin ? • Shanghai ?

Activité 8

Le contenu des deux panneaux suivants, et leur traduction en anglais, sont assez amusants. Sur la photographie **a**, repérez puis écrivez les deux caractères signifiant « délicieux ».

a.

La traduction littérale du texte anglais de ce panneau donne ceci – en respectant les erreurs !

« Il est difficile de se débarrasser des chening-gums collés sur le sol. Ne jetez pas des chening-gums au hasard. »

TEST N°2

La traduction littérale du texte chinois donne ceci :

口香糖好吃	Le chewing-gum est délicieux.
污渍难除	Il est difficile de se débarrasser des taches sales.
请君莫乱吐	S'il vous plaît, ne le crachez pas au hasard.
珍惜文物	Préservez le patrimoine culturel.

L'inscription en chinois a la forme d'un quatrain puisque certains vers riment !

b.

La traduction littérale du texte anglais de ce panneau donne ceci :
« Si parfumé est ce gazon, si chaleureux, comme vous. »

Pouvez-vous repérer le caractère signifiant « herbe » sur cette photographie ?

La traduction littérale du texte chinois donne ceci :
« L'herbe parfumée a des sentiments, elle vous espère vertueux avec elle ! »

Test n°2

第十课 – Chapitre 10

Utiliser un dictionnaire

Dans ce chapitre

- Vous apprendrez à vous servir d'un dictionnaire chinois-français.
- Vous étudierez la saisie informatique des caractères.
- Enfin, vous découvrirez de nouvelles expressions idiomatiques et proverbiales.

Utiliser un dictionnaire

La plupart des dictionnaires (词典 cídiǎn) chinois-français classent les caractères par ordre alphabétique de leur transcription phonétique pinyin.
Les caractères homophones sont ensuite classés par ton. On trouvera ainsi les caractères prononcés au premier ton (indiqué par ¯), puis ceux prononcés au deuxième ton (indiqué par ´), au troisième ton (ˇ), et enfin au quatrième ton (`).

Si l'on ne connaît pas la prononciation du caractère que l'on cherche, on peut la trouver en employant la méthode suivante – il en existe d'autres, mais celle-ci est la plus simple.
Elle fait appel à une double indexation : un index des clés et un index des caractères.
La première étape consiste à identifier la clé du caractère – l'Index des clés, p. 163, pourra vous aider en cas de difficultés.

La liste des clés 部首目录

La liste des clés, p. 130, constitue la référence à cette activité.
Située au début de tout dictionnaire, cette liste regroupe les clés de tous les caractères. Celles-ci y sont classées par nombre de traits croissant.
La première rubrique regroupe ainsi toutes les clés formées par « un trait » 一画 yī huà.
La deuxième, toutes les clés formées par « deux traits » 二画 èr huà.
On poursuit ainsi, généralement jusqu'à la rubrique « douze traits et plus » 十二画以上 shí ' èr huà yǐshàng.

Chaque clé est identifiée par un numéro, qui renvoie à une section de l'index des caractères. Sachez cependant que les numéros indiqués peuvent varier d'un dictionnaire à l'autre, suivant la façon de compter ou de présenter les clés dans la liste.

L'index des caractères 检字表

Le *Dictionnaire concis français-chinois/chinois-français*, présenté p. 132, constitue la référence à cette activité.

Cet index regroupe tous les caractères présents dans un dictionnaire, classés par clé.
Les caractères ayant la même clé sont alors regroupés par section (celle indiquée par le numéro de l'index des clés). L'index des caractères constitue donc le déploiement de la liste des clés.
Dans chaque section, les caractères sont ensuite classés par nombre de traits croissant qu'il faut tracer, en plus de la clé, pour écrire le caractère.
Une première sous-section regroupe tous les caractères qui s'écrivent avec la même clé plus « un trait » 一画.

Une deuxième, tous les caractères qui s'écrivent avec la même clé plus « deux traits » 二画.

On poursuit ainsi, les caractères formés d'un grand nombre de traits pouvant se classer jusqu'à une sous-section intitulée « dix-huit traits et plus », 十八画以上.

Lorsqu'il y a peu de caractères, plusieurs sous-sections peuvent être regroupées en une seule. Exemple : une sous-section « six à huit traits » 六至八画 liù zhì bā huà.

Chaque caractère de l'index est indiqué avec sa transcription pinyin. Vous pouvez donc le chercher dans le dictionnaire !

Prenons deux exemples :

• 情 qíng « sentiment » se trouve dans la section de la clé du cœur 忄 puis à la sous-section « huit traits » 八画.

Dans l'index, il se situe donc après 恨 hèn « haine », « haïr », qui est classé sous « six traits » 六画.

Ce dernier étant lui-même situé après 怕 pà « craindre » ou « avoir peur » qui est classé sous « cinq traits » 五画.

• 饭 fàn « repas » ou « nourriture » se trouve dans la section de la clé de la nourriture 饣 puis à la sous-section « quatre traits » 四画.

Il se situe avant 饱 bǎo « repu » qui est classé sous « cinq traits » 五画.

En résumé, pour chercher un caractère dans un dictionnaire, il faut suivre les cinq étapes suivantes :

1. Repérer sa clé dans la liste des clés.

2. Trouver la section correspondante dans l'index des caractères.

3. Compter le nombre de traits restant à tracer, en plus de la clé, pour écrire ce caractère.

4. Consulter la sous-section correspondante et trouver le caractère.

5. Enfin, chercher le caractère dans le dictionnaire grâce à sa transcription pinyin.

Nous espérons que vous avez bien intégré cette démarche !

Malgré sa difficulté, cette méthode vous procurera une grande satisfaction quand vous la maîtriserez. Vous pourrez alors chercher dans le dictionnaire tous les caractères que vous rencontrerez. Le chinois compte environ 4 000 caractères utilisés dans la vie de tous les jours, dont 2 000 suffisent généralement pour comprendre un article de presse dans ses grandes lignes.

Maintenant, c'est à vous !

Cherchez ces trois caractères dans le dictionnaire :

• 贺 • 氧 • 物

(Leurs définitions sont présentées dans le *Dictionnaire concis français-chinois / chinois-français*, pp. 133-135.)

Liste des clés

	一画	33	忄(⺗)	69	马(馬)
1	丶	34	宀	70	巛
2	一	35	丬(爿)		四画
3	丨	36	广	71	灬
4	丿	37	门(門)	72	斗
5	乙(⺄ 乛 乚)	38	辶(辶)	73	文
	二画	39	工	74	方
6	亠	40	土	75	火
7	冫	41	士	76	心
8	冖	42	艹	77	户
9	讠(言)	43	大	78	礻(示)
10	二	44	廾(在下)	79	王
11	十	45	尢	80	韦(韋)
12	厂	46	寸	81	木
13	匚	47	弋	82	犬
14	卜(⺊)	48	扌	83	歹
15	刂	49	小(⺌)	84	车(車)
16	冂	50	口	85	戈
17	八(丷)	51	囗	86	比
18	人(入)	52	巾	87	瓦
19	亻	53	山	88	止
20	勹⺈(见刀)	54	彳	89	支
21	儿	55	彡	90	日
22	几(⺇)	56	夕	91	曰(⺜)
23	厶	57	夂	92	贝(貝)
24	又(又)	58	犭	93	见(見)
25	廴	59	饣(飠)	94	父
26	卩(㔾)	60	彐(⺕彑)	95	牛(牜 ⺧)
27	阝(在左)	61	尸	96	手
28	阝(在右)	62	己(巳)	97	毛
29	凵	63	弓	98	气
30	刀(⺈)	64	屮	99	攵
31	力	65	女	100	片
	㔾(见 卩)	66	幺	101	斤
	三画	67	子(孑)	102	爪(爫)
32	氵	68	纟(糸)	103	月(⺝)

Extrait de la liste des clés du *Dictionnaire concis français-chinois/chinois-français*, Éd. Larousse - La Presse commerciale, Paris, 2000.

104	欠
105	风(風)
106	殳 ⺗(见忄)
107	肀(⺻聿) 爿(见丬)
108	毋(母)
109	水(氺)
	五画
110	穴
111	立
112	疒
113	衤
114	示(⺬ 见礻)
115	石
116	龙(龍)
117	业
118	目
119	田
120	罒
121	皿
122	钅(釒)
123	矢
124	禾
125	白
126	瓜
127	鸟(鳥)
128	用 氺(见水)
129	矛 ⺻(见肀) ⺜ (见艮)
130	疋(⺪)
131	皮 母(见毋)
	六画
132	衣
133	羊(⺶⺷)

134	米
135	耒
136	老
137	耳
138	臣
139	西(覀)
140	页(頁)
141	虍
142	虫
143	缶
144	舌
145	竹(⺮)
146	臼
147	自
148	血
149	舟
150	羽 聿(见肀)
151	艮(⺜)
152	糸(糹 见纟)
	七画
153	辛
154	言(訁 见讠)
155	麦(麥)
156	走
157	赤
158	豆 車(见车)
159	酉
160	辰
161	豕
162	卤(鹵)
163	里 貝(见贝) 見(见见)
164	足(⻊)
165	豸
166	谷

167	采
168	身
169	角
	八画
170	青
171	其
172	雨(⻗)
173	齿(齒) 飠 (见饣)
174	金(釒 见钅)
175	隹
176	鱼(魚) 門(见门)
	九画
177	音
178	革 頁(见页)
179	骨
180	食(飠 见饣)
181	鬼 風(见风) 韋(见韦)
	十画
182	鬥
183	髟 馬(见马)
	十一画
184	麻
185	鹿 麥(见麦) 鹵(见卤) 鳥(见鸟) 魚(见鱼)
	十二画以上
186	黑
187	鼠
188	鼻 齒(见齿) 龍(见龙)

Extrait de la liste des clés du *Dictionnaire concis français-chinois/chinois-français*, Éd. Larousse - La Presse commerciale, Paris, 2000.

Index des caractères (extrait)

(61)
尸部

尸 shī
一至四画
尺 chǐ
尼 ní
尽 jǐn; jìn
层 céng
屁 pì
尾 wěi
局 jú
尿 niào
五至六画
居 jū
届 jiè
屈 qū
昼 zhòu
屏 bǐng; píng
屎 shǐ
（屍） shī
屋 wū
七画
展 zhǎn
屑 xiè
屐 jī
八画以上
屠 tú
屡 lǚ
犀 xī
属 shǔ; zhǔ
孱 chán
（屢） lǚ
（層） céng
履 lǚ
（屬） shǔ; zhǔ

(62)
己(巳)部

己 jǐ
已 yǐ
巴 bā
包 bāo
异 yì
导 dǎo
岂 qǐ
忌 jì
巷 hàng; xiàng

(63)
弓部

弓 gōng
一至五画
引 yǐn
（弔） diào
弘 hóng
弛 chí
张 zhāng
弦 xián
弧 hú
弥 mí
弩 nǔ
六至九画
弯 wān
弭 mǐ
弱 ruò
弹 dàn; tán
（張） zhāng
粥 zhōu
弼 bì
强 jiàng; qiáng; qiǎng
（發） fā
十二画以上
（彈） dàn; tán
（彌） mí
疆 jiāng
（彎） wān

(64)
屮部

（芻） chú

(65)
女部

女 nǚ
二至三画
奶 nǎi
奴 nú
妆 zhuāng
妄 wàng
奸 jiān
如 rú
妇 fù
妃 fēi
她 tā
好 hǎo; hào
妈 mā
四画
妨 fáng
妒 dù
妍 yán
妩 wǔ
妓 jì
妪 yù
妣 bǐ
妙 miào
妥 tuǒ
妊 rèn
妖 yāo
姊 zǐ
妞 niū
（妝） zhuāng
五画
妾 qiè
妹 mèi
姑 gū
妻 qī
姐 jiě
姓 xìng
委 wěi
姗 shān
始 shǐ
六画
姹 chà
姣 jiāo
姿 zī
姜 jiāng
姘 pīn
娄 lóu
娃 wá
姥 lǎo
要 yāo; yào
威 wēi
耍 shuǎ
姨 yí
姻 yīn
娇 jiāo
（姙） rèn
七画
娴 xián
娘 niáng
娱 yú
娟 juān
娥 é
娩 miǎn
娓 wěi
婀 ē
八画
婆 pó
婶 shěn
婉 wǎn
婵 chán
婊 biǎo
娶 qǔ
娼 chāng
（婁） lóu
婴 yīng
婢 bì
婚 hūn
（婦） fù
九至十画
媒 méi
媪 ǎo
嫂 sǎo
婿 xù
媚 mèi
嫁 jià
嫉 jí
嫌 xián
媾 gòu
媳 xí
媲 pì
十一画以上
嫡 dí
嫩 nèn
（嫗） yù
嫖 piáo
嫦 cháng
（嬋） chán
嬉 xī
（嫵） wǔ
（嬌） jiāo
（嬸） shěn
孀 shuāng

(66)
幺部

乡 xiāng
幻 huàn
幼 yòu
幽 yōu
（幾） jī; jǐ

(67)
子(孑)部

子 zǐ; zi
孑 jié
一至四画
孔 kǒng
孕 yùn
存 cún
孙 sūn
孝 xiào
孜 zī
五画以上
学 xué
享 xiǎng
孟 mèng
孤 gū
孢 bāo
孪 luán
孩 hái
（孫） sūn
孰 shú
（學） xué
（孿） luán

(68)
纟(糸)部

一至三画
纠 jiū
红 hóng
纤 xiān
约 yuē
纨 wán
级 jí
纪 jì
四画
纹 wén
纺 fǎng
纬 wěi
纯 chún
纱 shā
纲 gāng
纳 nà
纵 zòng
纶 lún
纷 fēn
纸 zhǐ
纽 niǔ
五画
绊 bàn
线 xiàn
练 liàn
组 zǔ
绅 shēn
细 xì
织 zhī
绌 chù
终 zhōng
绉 zhòu
经 jīng; jìng
六画
绞 jiǎo
统 tǒng
绑 bǎng
绒 róng
结 jiē; jié
绕 rào
绘 huì
给 gěi; jǐ
绗 háng
绛 jiàng
络 luò
绚 xuàn
绝 jué
（絲） sī
七画

Extrait de l'index des caractères du *Dictionnaire concis français-chinois/chinois-français*, Éd. Larousse - La Presse commerciale, Paris, 2000.

Extrait du Dictionnaire

(un acteur ou une actrice)

和 hè (动) 1 répondre à un chant par un autre chant 2 répondre à un poème par un autre poème composée sur les mêmes rimes
另见 hé; huó; huò

贺 hè (动) féliciter; exprimer des souhaits: ～词 message de félicitation. ～电 télégramme de félicitation. ～信 lettre de félicitation

贺年 hènián (动) offrir ses vœux de Nouvel An: ～片 carte de vœux pour le Nouvel An

贺喜 hèxǐ (动) féliciter d'un succès ou pour un heureux événement (mariage, naissance d'un enfant, etc.)

黑 hēi (形) 1 noir: ～板 tableau noir 2 sombre; obscur: 天～ il fait noir. ～马 une quantité inconnue 3 secret; clandestin: ～交易 marché noir; marché louche 4 méchant; malicieux; sinistre: ～心 malintentionné; malveillant

黑暗 hēi'àn (形) noir; obscur; ténébreux: ～角落里 dans un coin obscur. 在～的旧社会 dans l'ancienne société ténébreux. ～时期 l'âge des ténèbres (se dit du Moyen Age européen)

黑白 hēibái (名) noir et blanc; le bien et le mal; le vrai et le faux: 混淆～ confondre le blanc et le noir

黑话 hēihuà (名) 1 argot; jargon de bandits 2 mots malicieux; langage enigmatique

黑货 hēihuò (名) marchandise de contrebande

黑名单(單) hēimíngdān (名) liste noire

黑幕 hēimù (名) intrigues sournoises; manœuvres ténébreuses; combinaisons louches: 揭穿～ percer un complot à jour

黑人 hēirén (名) 1 noir; nègre 2 personne qui n'est pas en règle avec la police

黑市 hēishì (名) marché noir

黑压(壓)压 hēiyāyā (形) complètement noir; noirci de; grouillement: 广场上～地站满了人. Sur la place s'amasse une foule dense et noire.

黑猩猩 hēixīngxing (名) chimpanzé

黑油油 hēiyōuyōu (形) noir et brillant: ～的头发 cheveux noirs et brillants

嘿 Hēi (叹) Hé! Eh!: ～! 快走吧! Hé! Dépêchons-nous! ～, 下雪了! Tiens! Il neige!

痕 hén (名) empreinte; trace; marque: 刀～ cicatrice de coupure. 泪～ traces de larmes

痕迹 hénjì (名) marques; empreintes; traces; vestige: 旧日的～几乎完全消失了. Les vestiges des jours passés ont presque entièrement disparu.

很 hěn (副) très; fort; extrêmement: ～高兴 très content; très heureux. ～满意 très satisfait. ～有价值 être de grande valeur. 我～知道他是个怎样的人. Je connais très bien quel type d'homme il est.

狠 hěn (形) 1 cruel; féroce; méchant: 凶～ féroce et sans merci; cruel 2 refouler (ses sentiments); s'endurcir (le cœur): 我～着心把泪止住. J'ai fait de terribles efforts pour retenir mes larmes. 3 ferme; résolu: ～～的批评 critique sévère

狠毒 hěndú (形) malveillant; méchant; cruel; vicieux; venimeux

狠心 hěnxīn I (名) dureté; méchanceté; cruauté II (形) dur; méchant; cruel III (动) faire un effort dur

恨 hèn I (动) haïr; détester: ～不得 que ne puis-je! que je regrette de ne pouvoir. ～之入骨 haine qui pénètre jusqu'à la moelle des os; haine profonde; haine invétérée. ～铁不成钢 déplorer que le fer ne devienne pas l'acier; qui aime bien, châtie bien; vouloir que le fer soit transmué en acier sur-le-champ II (名) regret: 遗～ regret éternel; dépit; ressentiment

亨 hēng (形) prospère; efficace; favorable

亨通 hēngtōng (形) qui marche bien, qui est en bonne voie: 万事～ jouir d'une bonne fortune en toute chose; tout va bien.

哼 hēng (动) 1 geindre; gémir: 痛得直～ gémir de douleur 2 chantonner; fredonner: ～着曲子 fredonner un air
另见 hng

恒 héng I (形) 1 permanent; durable; persévérant: 永～ éternel; perpétuel 2 usuel; de bon usage; habituel; ordinaire; constant; commun: ～言

Extrait de l'index des caractères du *Dictionnaire concis français-chinois/chinois-français*, Éd. Larousse - La Presse commerciale, Paris, 2000.

laire **II** (形) **1** apparent; ouvert: ～奉阴违 n'obéir qu'en apparence et s'opposer en secret; se soumettre en public et faire opposition en privé **2** affaire (appartenant au monde): ～间 monde humain **3** positif: ～极 pôle positife; électrode positive

阳春 yángchūn (名) printemps

阳伞(傘) yángsǎn (名) parasol; ombrelle

阳台(臺) yángtái (名) balcon

阳性 yángxìng (名) **1** positif: ～反应 réaction positive **2** genre masculin

疡(瘍) yáng (名) plaie; blessure: 溃～ ulcère

杨(楊) yáng (名) peuplier

杨柳 yángliǔ (名) **1** peuplier et saule **2** saule

杨树(樹) yángshù (名) peuplier

扬(揚) yáng (动) **1** lever; élever; soulever: ～手 agiter (lever) la main. ～长避短 mettre en ses qualités valeur et éviter le jeu de ses insuffisances **2** étendre; propager; faire connaître: 趾高气～ marcher avec arrogance; être fier comme un coq. 宣～ propager; rendre public. 名～四海 être mondialement connu

扬长(長)而去 yángcháng'érqù s'en aller d'une manière superbe; s'en aller la tête haute; partir d'un air dégagé

扬眉吐气(氣) yángméitǔqì dresser (ou: relever) fièrement la tête; rayonner de joie et de fierté

扬名 yángmíng (动) devenir célèbre; acquérir une renommée: ～天下 être célèbre dans le monde entier; acquérir une renommée mondiale

扬声(聲)器 yángshēngqì (名) haut-parleur

扬水 yángshuǐ (动) pomper de l'eau: ～站 station de pompage

扬言 yángyán (动) clamer; proclamer; déclarer ouvertement ses intentions de mener une action agressive

扬扬 yángyáng (副) triomphalement; avec satisfaction: 得意～ avoir l'air triomphant (satisfait, épanoui)

痒(癢) yǎng (动) chatouiller; démanger

痒痒 yǎngyang (动)〈口〉chatouiller; démanger

氧 yǎng (名) oxygène (O)

氧化 yǎnghuà (动) oxygéner; oxyder: ～作用 oxidation

氧气(氣) yǎngqì (名) oxygène

养(養) yǎng (动) **1** nourrir; entretenir: ～家 nourrir les siens; faire vivre (entretenir) sa famille **2** élever; cultiver: ～鸭 élever des canards. ～花 cultiver (planter) des fleurs **3** donner la vie (naissance) à: 她～了个儿子. Elle a donné naissance à un fils. **4** adoptif; nourricier: ～父(母) père (mère) adoptif (adoptive) ～子(女) fils (fille) adoptif (adoptive) **5** former; cultiver: ～成良好的习惯 prendre une bonne habitude **6** prendre soin de; se soigner: ～身体 prendre soin de sa santé **7** entretenir: ～路 entretenir la route

养病 yǎngbìng (动) être en convalescence; se remettre; se rétablir; reprendre ses forces

养虎遗患 yǎnghǔyīhuàn se réserver des malheurs en nourrissant un tigre; s'attirer des malheurs réchauffer un serpent dans son sein

养精蓄锐 yǎngjīngxùruì se refaire et accumuler ses forces; reprendre ses forces; se préparer à fournir un effort

养老 yǎnglǎo (动) **1** subvenir aux besoins de ses parents **2** prendre sa retraite: ～金 pension de retraite. ～院 hospice (asile) de vieillards

养料 yǎngliào (名) éléments nutritifs; matières nutritives; alimentation; nourriture

养神 yǎngshén (动) se détendre l'esprit; se reposer l'esprit; se rafraîchir: 闭目～ fermer les yeux pour se reposer l'esprit

养生 yǎngshēng (动) se maintenir en bonne santé; prendre soin de sa santé; nourrir en soi le principe vital

养育 yǎngyù (动) nourrir et éduquer; élever: ～子女 élever ses enfants

养殖 yǎngzhí (动) élever des poissons, des mollusques ou des plantes aquatiques

养尊处(處)优(優) yǎngzūnchǔyōu mener une vie douce et confor-

Extrait de l'index des caractères du *Dictionnaire concis français-chinois/chinois-français*, Éd. Larousse - La Presse commerciale, Paris, 2000.

吸烟. Défense de fumer

物 wù (名) **1** chose; objet: 废~ rebut; déchet. 公~ propriété publique. 地大~博 vaste territoire et ressources matérielles abondantes **2** autrui; monde extérieur: 待人接~ se comporter avec les gens et traiter les affaires; entregent **3** substance; contenu: 空洞无~ être dépourvu de tout contenu; être vide de sens; paroles creuses

物产(産) wùchǎn (名) produits; productions

物换星移 wùhuànxīngyí Les choses changent et les étoiles se mouvent; tout passe; changement de saisons vicissitudes des choses

物极(極)必反 wùjíbìfǎn Une chose poussée à l'extrême évolue nécessairement vers son contraire. / Après l'apogée, le déclin. / L'excès appelle la révolte.

物价(價) wùjià (名) prix: ~波动 fluctuation des prix. ~指数 indice des prix

物件 wùjiàn (名) chose; objet; article

物理 wùlǐ (名) **1** principes des choses; lois physiques **2** physique

物理学(學) wùlǐxué (名) physique

物力 wùlì (名) ressources matérielles

物品 wùpǐn (名) article; objet; chose: 贵重~ objets de valeur (ou: prix). 个人~ affaires personnelles

物色 wùsè (动) rechercher; chercher: ~人才 rechercher des hommes de talent

物以类(類)聚 wùyǐlèijù Qui se ressemble s'assemble.

物议(議) wùyì (名) contestation émanant de l'opinion publique; blâme; censure; critique

物证(證) wùzhèng (名) témoin muet; pièce à conviction; pièce justificative

物质(質) wùzhì (名) matière; substance; matériel: ~生活 vie matérielle. ~刺激 stimulants matériels

物资 wùzī (名) matériel; équipement et matériaux; ressources matérielles: ~交流 échange des marchandises (ou: des matériaux)

坞(塢) wù (名) dépression: 船~ dock. 花~ parterre; plate-bande

骛 wù (动) (re)chercher: 好高~远 viser trop haut; être prétentieux; vouloir plus qu'on ne peut

X x

曦 xī (名)〈书〉rayon du soleil au point du jour: 晨~ aurore

熹 xī (名)〈书〉le point du jour; aube

熹微 xīwēi (形)〈书〉(se dit du rayon du soleil au point du jour) pâle; faible: 晨光~ les premières lueurs pâles de l'aube

嘻 xī **I** (叹) le cri de surprise **II** (象) [son de rire]: ~~地笑 pousser des petits rires; rire nerveusement

嬉 xī **I** (名) amusement; plaisanterie; divertissement **II** (动) s'amuser; se divertir; plaisanter

嬉皮笑脸(臉) xīpíxiàoliǎn sourire d'un air frivole

嬉戏(戲) xīxì (动) se divertir; folâtrer; prendre ses ébats

昔 xī (名) passé; autrefois; jadis: ~日 jadis; auparavant; autrefois; dans le passé

惜 xī (动) **1** être attaché à; tenir beaucoup à; chérir; priser: 珍~ tenir beaucoup à; estimer; priser; prendre soin de **2** épargner; ménager; être avare de: 不~代价 ne pas regarder à la dépense; à tout prix. 可~! C'est bien regrettable! **3** avoir pitié de

惜别 xībié (动) se séparer à regret

熙 xī

熙熙攘攘 xīxīrǎngrǎng un va-et-vient bruyant; (rue) affairée et trépidante; (foule) grouillante

析 xī (动) **1** diviser; séparer; désunir: 分崩离~ être en pleine désagrégation; se désagréger; se disloquer **2** analyser; disséquer; élucider; éclaircir: 剖~ disséquer; analyser; éclaircir

析出 xīchū (动) extraire

Extrait de l'index des caractères du *Dictionnaire concis français-chinois/chinois-français*, Éd. Larousse - La Presse commerciale, Paris, 2000.

Activité 1

Pour chacun des caractères suivants, indiquez le nombre de traits que vous devez tracer en plus de la clé, puis indiquez cette clé entre parenthèses. Un exemple vous est donné.

Ex.	星	5(日)	c.	报	....	f.	楼	....	i.	拿	....	l.	海	....
a.	公	....	d.	场	....	g.	电	....	j.	室	....	m.	馆	....
b.	期	....	e.	箭	....	h.	德	....	k.	路	....	n.	旅	....

Activité 2

Complétez les mots ci-dessous, en écrivant les caractères correspondant à la transcription pinyin placée entre parenthèses. Recherchez ces mots dans le lexique si besoin. Un exemple vous est donné.

Ex.	冰 ...... (xiāng) = 冰(箱)	h.	红 ...... (chá)
a.	(shàng) ...... 午, (xià) ...... 午	i.	咖 ...... (fēi)
b.	十点 ...... (bàn)	j.	餐 ...... (tīng)
c.	三点一 ...... (kè)	k.	(nán) ...... 厕所
d.	(wǎn) ...... 上	l.	(gōng) ...... 共汽 ...... (chē)
e.	(Fǎ) ...... 国, (Zhōng) ...... 国	m.	东 ...... (běi), (běi) ...... 京
f.	电 ...... (yǐng), 电 ...... (huà)	n.	上 ...... (hǎi), (Hǎinán) ....
g.	啤 ...... (jiǔ)	o.	(chū) ...... 租汽 .... (chēzhàn)

Activité 3

Le texte suivant est extrait de l'article paru dans un journal de Hong-Kong que nous avons déjà rencontré, p. 115. Traduisez ce texte. Vous devrez sans doute chercher dans le dictionnaire les caractères qui ne vous sont pas familiers.

Souvenez vous que 1997 est l'année de la rétrocession de Hong-Kong à la Chine.

近十年间，香港的大学生英语水准下降是人所周知的事，法律学生自不例外 (…) 哪知道过了九七，不止香港人仍在学英语，国内的人更多在学英语，原来根据统计数字，此刻中国国内在学英语的学生比在美国说英语的美国人还要多。

La saisie informatique des caractères

Tout le monde reconnaît que le chinois est une des langues les plus difficiles à écrire. Comme vous l'avez découvert au début de ce chapitre, il est également plus compliqué de chercher un caractère chinois qu'un mot français dans le dictionnaire.

Qu'en est-il de l'écriture chinoise dans l'univers informatique ?

Les Chinois revendiquent l'invention de l'imprimerie typographique il y a près de 1 500 ans.

Cependant, tandis que l'usage de la machine à écrire se répandait en Occident le siècle dernier, presque aucun Chinois n'utilisait une « machine à écrire le chinois ». C'était une machine peu pratique, utilisant des caractères mobiles en plomb que l'on devait sélectionner pour reproduire un texte dactylographié au moyen de stencils. Un procédé bien long !

L'informatique a tout changé. L'imprimerie et l'écriture ont gagné en simplicité et en rapidité. Il y a vingt-cinq ans, l'ordinateur commençait sa révolution en devenant accessible au plus grand nombre. Personne ne pensait alors que l'écriture chinoise serait un jour concernée par ces progrès, ni que ce système d'écriture si compliqué pourrait être traité par ordinateur aussi rapidement que les autres.

Aujourd'hui, les logiciels de traitement de texte et de saisie informatique des caractères chinois sont en pleine expansion. Ces logiciels proposent généralement deux méthodes : la saisie phonétique et la saisie graphique des caractères.

Saisie phonétique

Le principe de la saisie phonétique est simple : saisir au clavier la transcription d'un caractère chinois pour le faire apparaître à l'écran. Vous pouvez donc utiliser la transcription pinyin adoptée tout au long de ces pages. Si ce système ne vous est pas encore familier, consultez les informations dans le Guide de prononciation, p. 156. Cependant, le pinyin indique une prononciation à un certain ton (le mandarin en compte quatre) tandis que la saisie phonétique n'en tient pas compte, afin de minimiser le nombre de frappes sur le clavier. Le chinois contemporain présentant de nombreux caractères homophones (qui se prononcent de la même façon et parfois au même ton), une seule saisie phonétique peut ainsi faire apparaître de nombreux caractères différents.

Chapitre 10

Exemple : voici les caractères se prononçant « qing » que l'on trouve dans le dictionnaire de poche le plus répandu en Chine, le Dictionnaire Xinhua (« Chine nouvelle ») :

qīng	青圊清蜻鲭轻氢倾卿	qǐng	苘顷庼请謦
qíng	勍黥情晴氰檠擎	qìng	庆亲箐綮罄

Puisque la saisie phonétique ne tient pas compte des tons, la saisie informatique de « qing » fera apparaître la liste de tous ces caractères !

Un ou deux caractères seulement peuvent correspondre à une même transcription, telle que « gei » ou « run », mais il peut exister jusqu'à quarante ou soixante caractères correspondant à une autre, telle que « ji » ou « xi » !

La solution apportée par les logiciels de traitement informatique du chinois consiste alors à sélectionner les caractères selon leur fréquence d'utilisation, avant de les afficher : un classement par « utilité », très différent du classement par nombre de traits du dictionnaire.

L'affichage des caractères à l'écran apparaît dans une fenêtre particulière du logiciel. Ainsi, en tapant « qing » pour écrire 晴 « beau (temps) », vous voyez peut-être s'afficher cette liste :

1 请	2 轻	3 清	4 青	5 情	6 晴	7 氢	8 倾	9 庆	0 擎	→

Sélectionnez le numéro 6, et 晴 s'affiche à l'écran ! Si plus de dix caractères existent pour une seule transcription, comme ici, cliquer sur la flèche vous permet de passer à la page suivante.

Nous venons de découvrir la saisie informatique des caractères, permettant d'écrire un certain nombre de mots chinois, tels que 好 « bon » ou 大 « grand ».

Souvenez-vous toutefois que les caractères chinois ne sont pas équivalents aux mots du français, la plupart des mots du chinois contemporain étant composés de deux caractères, voire plus. Peu de caractères chinois ayant été créés depuis 1900, un très grand nombre de mots ou expressions sont apparus grâce à la combinaison de plusieurs caractères. Comme nous l'avons déjà mentionné, il existe environ 4 000 caractères usuels qui peuvent être combinés pour former des dizaines de milliers de nouveaux mots.

Études à présent la saisie informatique d'un mot chinois composé de deux caractères. Elle respecte cette règle générale : saisir au clavier la transcription du mot pour faire apparaître celui-ci à l'écran. Il faut donc écrire deux transcriptions : celle de chaque caractère. Exemple : « pengyou » fait apparaître 朋友 « ami » et « jintian » fait apparaître 今天 « aujourd'hui ».

Il existe beaucoup de caractères chinois homophones, mais peu de mots ayant la même transcription lorsqu'ils sont composés de plusieurs caractères.

Exemple : « pengyou » et « jintian » ne correspondent qu'à 朋友 et à 今天.

La plupart des logiciels vous permettent de saisir seulement une partie de la transcription du mot : celle du premier caractère et la première lettre de la transcription du second. Exemple : « pengy » ou « jint » fait apparaître 朋友 ou 今天.

Enfin, certains logiciels permettent également de ne taper que la première lettre de la transcription de chaque caractère. Exemple : « py » ou « jt » fait apparaître 朋友 ou 今天. Dans ce cas, d'autres mots peuvent également correspondre à ces « initiales ». Il faut alors sélectionner le mot que l'on cherche parmi d'autres.

Vous comprenez désormais pourquoi cette méthode de saisie informatique des caractères chinois peut être très rapide. La pression de trois ou quatre touches du clavier suffit souvent pour afficher à l'écran un mot formé de trente ou quarante traits ou une simple expression composée de trois ou quatre caractères.

Saisie graphique

Le principe de la saisie graphique est assez simple : saisir des lettres qui correspondent à des ensembles de traits composant les caractères.

La mise en œuvre de cette méthode est cependant plus compliquée et nécessite un apprentissage assez long. De plus, les logiciels qui l'utilisent font l'objet de fréquentes mises à jour. Cette méthode, un peu longue à expliquer, ne sera donc pas développée dans ces pages, mais sachez qu'elle permet aussi d'écrire rapidement le chinois. Elle s'adresse aux personnes qui maîtrisent l'écriture du chinois, mais qui ne le parlent pas, ou ne connaissent pas bien la transcription pinyin.

Les expressions proverbiales 成语

Les 成语 chéngyǔ sont des expressions idiomatiques ou proverbiales chinoises. Celles-ci sont appelées « expressions figées » ou « toutes faites » - elles sont généralement composées de quatre caractères que l'on ne peut modifier.
Tous les Chinois connaissent et utilisent quelques-uns de ces 成语, qui font partie intégrante de la langue et de la culture chinoises. Plus on est cultivé et plus on les emploiera, surtout à l'écrit. L'activité suivante vous permet d'en découvrir quelques-uns.

Activité 4

Pour cette dernière activité, nous vous invitons à relever un véritable défi ! Faites correspondre les 成语 suivants avec la traduction qui convient. Si cela peut vous aider, vous connaissez déjà presque tous les caractères présentés.

1.	一日千里	a.	un désaccord entre ses paroles et sa conduite
2.	九牛一毛	b.	être illettré, analphabète, ne savoir ni A ni B
3.	开门见山	c.	ne pas avoir les moyens de son ambition
4.	力不从心	d.	à toute allure, à pas de géant
5.	目不识丁	e.	une goutte d'eau dans la mer
6.	言行不一	f.	aller droit au fait, sans tourner autour du pot

祝贺你 ! **Bravo !**

Vous maîtrisez désormais les notions fondamentales du chinois et de son écriture.

Nous espérons que vous avez aimé décrypter avec nous les mystères de cet « empire des signes ».

祝你走运 !

Corrigés

Chapitre 1 (p. 7-12)

Activité 1

a. Défense de fumer
b. Café
c. Interdiction de faire demi-tour
d. Interdiction de photographier
e. Station-service
f. Baignade interdite
g. Accès aux personnes à mobilité réduite

Activité 2

车 : 1 E - 2 B - 3 D - 4 A
马 : 1 A - 2 C - 3 E - 4 B
鱼 : 1 D - 2 A - 3 F - 4 C
雨 : 1 C - 2 E - 3 B - 4 D
山 : 1 B - 2 F - 3 C - 4 E
子 : 1 F - 2 D - 3 A - 4 F

Activité 3

1. 月 lune
2. 木 bois ou arbre
3. 山 montagne
4. 雨 pluie
5. 日 soleil
6. 鱼 poisson
7. 马 cheval
8. 车 véhicule
9. 子 enfant
10. 人 homme, être humain

Chapitre 2 (p. 13-22)

Activité 2

信 lettre　鲜 frais　安 paix, calme

Activité 3

从 suivre
众 foule
林 bois (plus petit et entretenu qu'une forêt)
森 forêt
炎 brûlant
焱 flamme

Activité 4

1. 骡 驴 驹
2. 花 草 芽
3. 钢 锈 铃
4. 逃 过 迈

Activité 5

1. 打　2. 灶　3. 讥　4. 雪

Activité 6

1. 泪 larmes
2. 林 bois, forêt
3. 笔 stylo, pinceau
4. 囚 prisonnier
5. 灾 désastre

Activité 7

墙 mur
扔 lancer
怕 crainte, peur
汗 sueur
吻 baiser
椅 chaise
暖 doux, chaud
她 elle

Chapitre 3 (p. 23-38)

Activité 1

1. 人 丿 人
2. 田 丨 冂 日 田 田
3. 大 一 ナ 大
4. 木 一 十 才 木
5. 钅 丿 𠂉 ⺧ 钅 钅
6. 山 丨 凵 山
7. 忄 丨 丨丨 忄 ou 心 丶 乚 心 心
8. 言 丶 亠 亠 亠 言 言 言

Activité 2

亅	小	材	少	尘	你
丶	心	言	家	米	兴
㇀	打	河	冰	牲	跑
丿	力	长	火	户	石
一	大	舌	草	鱼	马

Activité 3

1. 月 丿 冂 月 月
2. 牛 ノ 𠂉 ⺧ 牛
3. 户 丶 ⺈ ⺕ 户
4. 穴 丶 ⺀ 宀 穴 穴
5. 当 丨 丨丶 丷 当 当 当
6. 米 丶 丷 䒑 半 米 米

Activité 4

A b C D e F

Activité 5

A. Le haut est trop grand (鱼)
B. 日, dans la partie gauche, doit être plus petit que 月 dans la partie droite (明)
C. L'espace, entre les deux éléments, est trop important (休)
D. Le haut est trop petit (男)
E. Le « toit » est beaucoup trop grand (安)
F. La porte doit être ouverte, c'est-à-dire qu'il faut laisser un espace entre le point et 𠃌 (门)
G. Le troisième trait de la clé de l'eau doit être relevé, c'est-à-dire ㇀ et non pas 丶 (泪)
H. Le trait vertical ne doit pas se prolonger dans le « cadre » (草)

Activité 6

b

Activité 7

1. 目 œil
2. 犭 animal
3. 饣 nourriture
4. 刂 couteau
5. 山 montagne

Activité 8

2. 枫 : 木 bois, arbre : érable
3. 讽 : 言 (讠) parole : se moquer
4. 峰 : 山 montagne : sommet
5. 海 : 氵 eau : mer
6. 晚 : 日 soleil : soir, tard
7. 煮 : 灬 feu : bouillir
8. 资 : 贝 monnaie antique (cauris) : capital
9. 烧 : 火 feu : brûler
10. 笔 : ⺮ bambou : stylo, pinceau
11. 刻 : 刂 couteau : sculpter

Activité 9

刂 : 丨 刂
刀 : ㇇ 刀
饣 : ノ 𠂉 饣
食 : ノ 人 𠆢 今 今 今 食 食 食
目 : 丨 冂 月 月 目
氵 : 丶 丶 氵
水 : 亅 才 水 水
牛 : ノ 𠂉 ⺧ 牛
彳 : ノ 彡 彳
石 : 一 丆 不 石 石
口 : 丨 冂 口
贝 : 丨 冂 贝 贝
见 : 丨 冂 贝 见
页 : 一 一 丆 丙 页 页
米 : 丶 丷 䒑 半 米 米

Activité 10

1. 马 cheval : dans la partie gauche
2. 艹 herbe : en haut
3. 犭 animal : dans la partie gauche
4. 讠 parole : dans la partie gauche
5. 灬 feu : en bas
6. ⺮ bambou : en haut
7. 氵 eau : dans la partie gauche
8. 刂 couteau : dans la partie droite
9. 亻 homme, être humain : dans la partie gauche
10. 口 bouche : peut être située n'importe où

Activité 11

1. 泪 larme
2. 林 bois, forêt
3. 笔 stylo, pinceau
4. 囚 prisonnier
5. 灾 désastre
6. 尘 poussière
7. 晃 éblouir

Activité 12

1. 氵 eau 泪 汗 河
2. 讠 parole 诗 说 词 订
3. 木bois, arbre 杂 林 根 材
4. 刂couteau 别 刚 刷
5. 扌 main 打 推 扣
6. 日soleil 昨 时 晚
7. 饣 nourriture 饭 饺 饿
8. 贝coquillage 货 贡 贵
9. 口bouche 吸 吃 叮 喝

Activité 13

1. 方 (4) 丶 亠 𠂇 方
2. 山 (3) 丨 凵 山
3. 九 (2) 乛 九 ou 丿 九
4. 足 (7) 丨 冂 口 𠮛 早 𠯁 足
5. 去 (5) 一 十 土 去 去
6. 气 (4) 丿 𠂉 气 气
7. 尺 (4) 𠃍 コ 尸 尺
8. 风 (4) 丿 几 风 风

Chapitre 4 (p. 39-52)

Activité 1

1. 小心 faire attention
2. 放心 être tranquille
3. 瞎话 mensonge
4. 笑话 plaisanterie

Activité 2

1. 火车 train
2. 木工 charpenterie, charpentier
3. 月票 carte mensuelle
4. 电视 télévision
5. 电车 trolleybus, tramway
6. 电影 film, cinéma
7. 电脑 ordinateur

Activité 3

1. 好吃 délicieux (bon à manger)
2. 难听 désagréable à entendre
3. 好看 beau (agréable à voir)
4. 难看 laid (désagréable à voir)

Activité 4

1. 大学 université
2. 小费 pourboire
3. 好心 bienveillant

Activité 5

1. 公平 **a.** juste, équitable
2. 明天 **c.** demain

Activité 6

1. 吃饭 manger
2. 教书 enseigner
3. 录音 enregistrer
4. 走路 marcher
5. 说话 parler

Activité 7

a. 4 d. 7 g. 10 j. 94
b. 8 e. 9 h. 18 k. 76
c. 5 f. 6 i. 35 l. 59

Activité 8

a. 八 e. 六 i. 三十二
b. 十 f. 九 j. 八十七
c. 七 g. 四 k. 六十五
d. 五 h. 二十一 l. 九十四

Activité 9

a. 1919 d. 1066 g. 1492
b. 1991 e. 1789 h. 1848
c. 1945 f. 1914 i. 2015

Activité 10

a. 一三二一 f. 一四八六
b. 一九三二 g. 一九三七
c. 一八七六 h. 一八四二
d. 一九六五 i. 二〇三七
e. 一九四九

Activité 11

a. 1er février f. 30 août
b. 7 mars g. 26 novembre
c. 9 mai h. 15 octobre
d. 10 avril i. 31 décembre
e. 20 juin

Activité 12

a = 6 d = 2 g = 5
b = 8 e = 1 h = 7
c = 4 f = 9 i = 3

Activité 13

a. 一月一日
b. 七月十四日
c. 十月一日
d. 十二月二十五日
e. 六月二十一日

Activité 14

La Journée internationale de la Femme est le 8 mars.

Activité 15

a = 3 c = 1 e = 2 g = 4
b = 6 d = 7 f = 5

Activité 16

a. 星期五 c. 星期六
b. 星期日

Test n°1 (p. 53)

Activité 1

1. 情 qíng = **d.** sentiment (clé du cœur)
2. 清 qīng = **g.** clair, net (clé de l'eau)
3. 鲭 qīng = **f.** maquereau (clé du poisson)
4. 请 qǐng = **a.** prier, solliciter (clé de la parole)
5. 蜻 qīng = **b.** libellule (clé de l'insecte)
6. 晴 qíng = **c.** clair ou beau (temps) (clé du soleil)
7. 氰 qíng = **e.** cyanogène (clé de l'air)

Activité 2

1 = c 2 = e 3 = d (voir 日 « jour », d'où « quotidien ») 4 = b 5 = a (voir 土 « terre », clé de 场)

Activité 3

1 = b 2 = c 3 = b

Activité 4

早上・上午・中午・下午・晚上

Activité 5

不公平 signifie littéralement ce qui n'est « pas juste », donc « injuste ».
Le côté gauche de la vitrine présente les vêtements pour hommes.

Activité 6

1. 中学 école secondaire
2. 中国 la Chine
3. 中心 centre
4. 中午 midi
5. 火腿 jambon
6. 火山 volcan
7. 火车 train
8. 火箭 fusée
9. 火花 étincelle

Activité 7

a. bouche 口
b. pluie 雨
c. feu (2) 火 灬
d. page 页
e. vent 风
f. couteau (2) 刀 刂
g. riz 米
h. enfant 子
i. métal, or (2) 钅金
j. œil 目
k. cheval 马
l. parole (2) 言 讠
m. grand 大
n. champ 田
o. cœur (2) 心 忄
p. femme 女
q. montagne 山
r. faire un pas 彳
s. porte 门
t. marche 辶

Chapitre 5 (p. 59-74)

Activité 1

1. 又
2. a. 饣 nourriture
   b. 木 bois ou arbre
   c. 米 et 女 : riz et femme
   d. 贝 coquillage
   e. 迎 ´ 𠂊 卬 卬 丶卬 讠卬 迎
3. (木) 丶 丷 䒑 䒑 弚 弟 弟(梯)
4. 女女一 ou 口女

Activité 2

电梯 ascenseur 店员 vendeur
服务楼 bâtiment de services
电台 station de radio

Activité 3

A. Restaurant cantonais
B. Restaurant du Sichuan
2. Ne pas fumer

Activité 4

1. 山田
2. 美国 États-Unis
3. Non, du Royaume-Uni 英国
4. 法国 France
5. Non
6. 刘

Activité 5

A. 国安
B. 大明
C. 英林
D. 京生

Activité 6

a. 9h – 17h
b. 7h – 23h (littéralement 7h du matin – 11h du soir)
c. 8h30 – 19h
d. 8h – 12h, 14h – 18h (littéralement 8h – 12h le matin, 2h – 6h l'après-midi)

Activité 7

a. 八
b. 刂
c. 丷 (八)
d. 钅
e. 䒑 (羊)

Activité 8

a. 三点二十

Corrigés

Corrigés

b. 十点四十五 ou 十点三刻 ou 差一刻十一点
c. 九点半
d. 四点五十 ou 差十分五点
e. 一点一刻
f. 七点三十五

Activité 9

Les clés sont entre parenthèses :

程(禾) 表(一) 第(⺮) 早(日)
上(一) 中(丨) 午(丿) 下(一)
晚(日) 开(一) 会(人) 参(厶)
观(见) 海(氵) 公(八) 园(口)

Activité 10

1. Restaurant de Shanghai 上海餐厅
2. 12h – 13h (littéralement 12h – 1h le midi) 十二点 – 一点
3. Voir le film Le Lever du Soleil 电影 « 日出 »
4. 13h30 (littéralement 1h et demie de l'après-midi) 一点半
5. 8h30 – 11h30 et 13h30 – 16h00 (littéralement 8h et demie – 11h et demie le matin et 1h et demie – 4h l'après-midi) 上午八点半 – 十一点半 et 下午一点半 – 四点
6. Visite du parc Beihai (mer du Nord) 参观北海公园
7. Une université 大学 (université Qinghua 清华大学)

Activité 11

- 啤酒 (口氵) (bière)
- 葡萄酒 (艹艹氵) (vin, littéralement « alcool de raisin »)
- 可口可乐 (口口口丿) (coca-cola)
- 咖啡 (口口) (café)
- 茶 (艹) (thé)
- 矿泉水 (石水水) (eau minérale)

Activité 12

a. Bar • Boissons • Nourriture (Bar • Beverage • Food)
b. 咖啡 • 饮料 • 啤酒

Activité 13

1. Restaurant français
2. Toilettes pour hommes
3. Toilettes pour femmes
4. Ascenseur
5. Escalier
6. Restaurant japonais
7. Téléphone
8. Réception
9. Entrée et sortie
10. Bar

Chapitre 6 (p. 75-86)

Activité de révision

出 2	下 3	华 10	梯 6	北 2
河 9	湖 9	园 5	二 4	上 3
法 9	东 3	南 10	楼 6	香 8
晚 1	弟 7	分 7	半 7	三 3
共 7	海 9	李 6	十 10	星 1
公 7	汽 9	国 5	程 8	中 2

1. 日 soleil
2. 丨 vertical
3. 一 un
4. 二 deux
5. 口 enceinte, enclos
6. 木 bois ou arbre
7. 八 huit
8. 禾 céréale
9. 氵 eau
10. 十 dix

Activité 1

1. Vers l'est
2. D'abord vers le nord-est, puis vers le nord
3. Juste au nord
4. Tout droit vers l'est
5. À l'extrême sud-est du parc

Activité 2

1. Pékin (Beijing)
2. Shanghai
3. Nankin
4. Xi'an
5. Hong-Kong
6. Taiwan
7. Hainan
8. Mer de Chine orientale (Donghai)
9. Mer de Chine méridionale (Nanhai)
10. Tibet

Activité 3

1. 中东 le Moyen-Orient
2. 地中海 la mer Méditerranée
3. 南美 l'Amérique du Sud
4. 北海 la mer du Nord

Activité 4

1. Zhongshan Bei Lu = c. 中山北路
2. Ren He Lu = **a.** 仁和路
3. Ping Hai Lu = **b.** 平海路

Activité 5

a. Sud-Est
b. Nord-Ouest
c. 南京 Nankin, littéralement « capitale du Sud » (province du Jiangsu).

Activité 6

A = 3 B = 4 C = 2 D = 1

Activité 7

Les panneaux **5** et **6** présentent des caractères non simplifiés.

a = 3 c = 6 e = 2
b = 5 d = 4 f = 1

Activité 8

a. Ne pas fumer
b. Ne pas entrer
c. Ne pas stationner

Activité 9

a. 请勿昭相 « défense de photographier » : 昭 doit être remplacé par 照.
Pensez à la clé du feu 灬 pour « éclairer » ou « photographier (avec un flash) ».
b. 小心解电 « risque d'électrocution » : 解 doit être remplacé par 触 qui signifie « toucher ».
Ce caractère est composé de 角 « corne, antenne » et de 虫 « insecte », faisant ainsi penser à une antenne d'insecte.
c. 请勿吸咽 « défense de fumer » : 咽 doit être remplacé par 烟.
Pensez à la clé du feu 火 pour « fumée ».
d. 请勿随地灶痰 « défense de cracher » : 灶 doit être remplacé par 吐.
Pensez à la clé de la bouche 口 pour « crachat ».

Activité 10

a. 娄 doit être remplacé par 楼 qui contient la clé du bois ou arbre 木.

b. 艮 doit être remplacé par 银 qui contient la clé du métal (or) 钅.
c. 酉 doit être remplacé par 酒 qui contient la clé de l'eau 氵.
d. 反 doit être remplacé par 饭 qui contient la clé de la nourriture 饣.

Activité 11

a. 火车站 c. 矿泉水
b. 葡萄酒 d. 服务员

Activité 12

禁止停车 Défense de stationner
北京大学 Université de Pékin
法国银行 Banque de France
开往上海 À destination de Shanghai

Activité 13

1. 六	4. 点	7. 刻	10. 观
2. 京	5. 半	8. 影	11. 园
3. 会	6. 上	9. 星	

Activité 14

L'ordre correspondant est : 3, 4, 1, 5, 2.

Activité 15

J'ai logé quatre jours à l'Hôtel de Nankin. Le premier jour, l'employé(e) m'a dit : « Bienvenue à l'Hôtel de Nankin. » J'ai logé au deuxième étage. Le deuxième jour, je suis allé(e) visiter le parc du lac Xuanwu le matin, allé(e) au mausolée de Sun Yat-sen l'après-midi, et allé(e) voir un film le soir. Le troisième et le quatrième jour, j'ai assisté à des réunions à l'université de Nankin. Le troisième jour à midi, nous avons déjeuné dans un restaurant cantonais. Le quatrième jour à midi, nous avons déjeuné dans un restaurant shanghaien. La nourriture dans ces deux restaurants était délicieuse. Le cinquième jour, j'ai pris mon petit déjeuner à sept heures du matin. À sept heures trois quarts, j'ai pris un taxi pour la gare et suis rentré(e) à Pékin par le train de huit heures dix.

Chapitre 7 (p. 87-98)

Activité 1

a = 6 c = 2 e = 7 g = 5 i = 3
b = 4 d = 8 f = 9 h = 10 j = 1

D est écrit avec des caractères non simplifiés (區 pour 区 et 書 pour 书).

Activité 2

1. Un restaurant (Restaurant du Shandong)
2. E
3. G
4. A
5. Du poulet
6. F

Activité 3

a. Konica®
b. Kentucky Fried Chicken®
c. Bière Beck's®
d. Réfrigérateurs Chunlan®
e. Cornetto®

La marque la moins connue est **d** (marque chinoise de réfrigérateurs).

Activité 4

Il empruntera la voie **a**, mais il devrait normalement emprunter la voie **b**.

Activité 5

a. Petit-déjeuner international
b. Petit-déjeuner américain
c. Petit-déjeuner européen
d. Petit-déjeuner chinois
e. Petit-déjeuner
f. 式
g. Type, style (sorte ou spécialité)
h. 10 août : 八月十日

Activité 6

a. Vous avez coché : 苹果汁、牛角包、酸奶、咖啡
b. 服务费
c. 8,85 ¥ (15 % de 59 ¥)

Activité 7

广东餐厅 : 好
四川餐厅 : 很好
送餐服务 : 一般

Activité 8

Nom : 姓 Prénom : 名
Chambre n° : 房号
Compagnie aérienne : 航空公司
Date de départ : 离开日期
Passeport n° : 护照号码
Vol n° : 航班号
Heure de départ : 起飞时间
Destination : 目的地
Remarques : 备注
Date : 日期
Signature : 客人签名
Reçu par : 接收人

Activité 9

1 = e	3 = f	5 = d
2 = c	4 = a	6 = b

Le GITIC Plaza Hotel est à Canton (Guangzhou).

Activité 10

1. Non (酒店 et 饭店)
2. Les hôtels **3**, **5** et **6**
3. Non simplifiés (園 a été simplifié en 园 et 飯 en 饭)
4. Au début
5. Les enseignes **3** et **6**
6. Les hôtels **1** et **4**
7. Les hôtels **3** et **6**

Activité 11

a. 航空 signifie « aviation » (d'où « par avion »)
b. 邮票 signifie « timbre-poste »
c. 及 signifie « et », « ainsi que » (conjonction de coordination reliant exclusivement les noms et les expressions).
d. 寄 signifie « expédier » ou « adresser »
e. 寄件人 et 收件人

Chapitre 8 (p. 99-108)

Activité 1

a. Le cinéma Pavillon Rouge
b. *Big Shanghai* (*big* = "grand")
c. *Letter from the South* ("Lettre du sud")
d. *Letter from the South* et *la Vallée de la rivière rouge*

Activité 2

1. Au balcon	3. 19h45
2. Numéros pairs	4. 20 juin

Activité 3

a. Sept stations vers l'ouest
b. Deux stations vers l'ouest
c. Cinq stations vers l'ouest
d. Deux stations vers l'est

Activité 4

1. Vingt yuans
2. Des appareils électriques ou électroménagers
3. En anglais
4. Sept jours
5. La foire aux livres en anglais
6. La foire-exposition japonaise d'appareils électriques

Activité 5

a. 姓名 nom et prénom
b. 中文 chinois
c. 英文 anglais
d. 性别 sexe
e. 出生年月 date de naissance : 年 année 月 mois 日 jour
f. 现住址 adresse actuelle
g. 电话 téléphone
h. 工作单位 employeur

Activité 6

a. 8, rue du Lac de l'Ouest : 西湖路八号
b. Hôtel oriental : 东方饭店
c. Terrain de jeux pour enfants : 儿童乐园
d. Jardin du Peuple : 人民公园

Activité 7

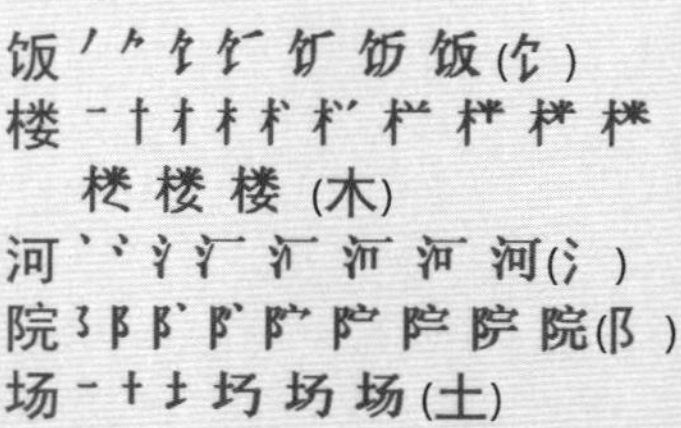

Activité 8

a. 目的地
b. Le 7 juin à 9h40
c. Porte arrière

Activité 9

a. 香港 signifie Hong-Kong (littéralement « port parfumé », voir chapitre 5)
b. Oui
c. Du bœuf
d. 或
e. Des fruits frais
f. Du thé noir (littéralement « thé rouge »), du thé vert japonais, du thé chinois ou du café

Activité 10

a. Deux fois
b. Deux heures avant
c. 服务员
d. 小吃 signifie « collation », « repas léger » (littéralement « petit manger »)
e. Dîner
f. 三文治 sānwénzhì signifie « sandwich »
g. Du jus de fruit (voir la clé de l'eau)

Chapitre 9 (p. 109-120)

Activité 1

- 一心一意 de tout cœur et avec toute son attention, être concentré
- 三心二意 être hésitant, sans entrain

- 一心二用 ne pas donner tout son cœur à l'ouvrage, être déconcentré
- 三言两语 brièvement, en peu de mots
- 七上八下 être perplexe, dans un état de grande inquiétude
- 百年大计 un grand projet pour des générations à venir
- 千山万水 (couvrant) une longue distance, un vaste territoire
- 千家万户 chaque famille, chaque foyer
- 千言万语 (avoir) mille choses à exprimer

Activité 2

1. Pendant la journée
2. **a.** Sud **b.** Nord-Ouest
3. Pendant la soirée
4. Pendant la soirée
5. 28 avril

Activité 3

1. 和平饭店 l'« Hôtel de la Paix » ou *Peace Hotel*
2. Délicieuse
3. Pékin
4. Au palais de l'Assemblée du Peuple
5. Pékin
6. Nankin
7. Pour lui souhaiter une joyeuse Saint-Valentin
8. Xi'an
9. Le 15 janvier 2006

Activité 4

1. 中西快餐、茶座
2. 会议厅
3. 众
4. Numéro de téléphone pour les réservations

Test n°2 (p. 121-126)

Activité 1

1. 我中午休息
2. 我晚上十一点睡觉
3. 我下午四点去喝茶
4. 我早上七点一刻起床

Ordre de lecture : **4, 1, 3, 2**

Activité 2

中国南京　东湖路九号
国际大学　王明山　　收

Activité 3

Où es-tu ? 你在哪里 ?
Date 日期 .... 九月六日 ....
Je serai à 我将在 .... 东方大学 ....
De (matin ou après-midi) à (matin ou après-midi)
从上午/下午 .... 八点半 .... 至上午/下午 .... 四点半 ...
Remarques 备注 .... 我下午五点回饭店 ....
....
Nom, prénom 姓名 ... 王玛丽/王洛朗 Chambre n° 房号 526
Signature 签名 ....

Peace Hotel 西安
Xi'an 和平宾馆

Activité 4

我很喜欢上海。天气很好，可是常常有风。我要坐火车去南京，三月五号回北京。我想你。

Activité 5

A. 1. 百香
   2. Non, un café
   3. Au rez-de-chaussée
   4. 24h/24

B. 1. Au 1er étage
   2. 11h du matin – 1h du matin

C. 1. Cantonaises
   2. Au 2e étage
   3. Non

D. 1. Italie
   2. Au 2e étage
   3. Dîner

Activité 6

1. Vendre des billets pour prendre le bateau
2. Des congélateurs
3. Hangzhou, le centre municipal des impôts

Activité 7

Pékin : quai n°9
Xi'an : quai n°4
Nankin : quai n°12
Shanghai : quai n°6

Activité 8

a. 好吃 b. 草

Chapitre 10 (p. 127-140)

Activité 1

a. 2 (八)	f. 9 (木)	k. 6 (足)
b. 8 (月)	g. 4 (乚)	l. 7 (氵)
c. 4 (扌)	h. 12 (彳)	m. 8 (饣)
d. 3 (土)	i. 8 (人)	n. 6 (方)
e. 9 (⺮)	j. 6 (宀)	

Activité 2

a. (上)午・(下)午
b. 十点(半)
c. 三点一(刻)
d. (晚)上
e. (法)国・(中)国
f. 电(影)・电(话)
g. 啤(酒)
h. 红(茶)
i. 咖(啡)
j. 餐(厅)
k. (男)厕所
l. (公)共汽(车)
m. 东(北)・(北)京
n. 上(海)・(海南)
o. (出)租汽(车站)

Activité 3

Depuis ces dix dernières années, la baisse du niveau d'anglais des étudiants d'université hongkongais est un fait connu de tous, les étudiants en droit n'y faisant pas exception. (…) Qui aurait pensé, après 1997, que non seulement les Hongkongais étudieraient encore l'anglais, mais que davantage de chinois l'apprendraient ? En fait, selon les statistiques, les étudiants de Chine apprenant l'anglais actuellement sont encore plus nombreux que les Américains parlant anglais aux États-Unis.

Activité 4

1 = d	3 = f	5 = b
2 = e	4 = c	6 = a

常用标牌 – Signes pratiques

Horaires

Terme chinois	Équivalent français
营业时间	heures d'ouverture
办公时间	heures de bureau

Signalétique de lieux publics

静	silence
推	poussez
拉	tirez
开门	ouverture des portes (dans les ascenseurs)
关门	fermeture des portes (dans les ascenseurs)
欢迎	bienvenue
入口	entrée
出口	sortie
男厕所	toilettes pour hommes
女厕所	toilettes pour femmes
洗手间	toilettes (« pièce pour se laver les mains »)
存车处	parking à vélos
谢绝参观	fermé au public
闲人免进	entrée interdite à toute personne étrangère au service
游客止步	entrée interdite aux visiteurs
凭票入内	accès réservé aux passagers munis de leur billet
免费入场	entrée libre (gratuite)
小心触电	risque d'électrocution
禁止停车	défense de stationner
禁止通行	passage interdit
请勿吸烟	défense de fumer (« prière de ne pas fumer »)
请勿照相	défense de photographier (« prière de ne pas photographier »)
自行车修理部	atelier de réparation de bicyclettes
黄线范围内禁止停放车辆	Défense de stationner sur les lignes jaunes

Magasins

商城	centre commercial
百货商店	grand magasin
市场	marché
超级市场	supermarché
收款台 / 收银	caisses
大减价	soldes
特价	promotion
打八折	- 20 % (littéralement « faire un rabais pour atteindre 80 % du prix d'origine ». Exemple : 打七折 signifie « - 30 % ».)

Hôtels et restaurants

饭店	hôtel, restaurant
宾馆	hôtel (« maison des hôtes »)
酒店	hôtel, restaurant, bar (« débit de boissons »)
旅馆	hôtel (généralement petit), auberge
请勿打扰	ne pas déranger
酒吧	bar
饭馆	restaurant
酒家	restaurant (hors d'un hôtel)
餐厅	restaurant, salle à manger, réfectoire
肉类	viandes
鱼类	poissons
鸡、鸭类	poulets, canards
汤类	soupes
蔬菜	légumes
饮料	boissons
冷饮	boissons fraîches
热饮	boissons chaudes
米饭	riz
面食	nouilles et raviolis (« aliments à base de farine »)

Loisirs

电影院	cinéma (salle de cinéma)
剧场	théâtre
音乐厅	salle de concert

音乐会	concert
迪斯科	discothèque (traduction phonétique de « disco »)
售票处	guichet (pour acheter des billets)
客满	complet
楼上	étage supérieur (« balcon » au théâtre)
楼下	étage inférieur, rez-de-chaussée (« orchestre » au théâtre)
(27) 排	rang (n°27)
双号	numéros pairs
单号	numéros impairs

Services

公安局	bureau de la sécurité publique, bureau de police
银行	banque
邮(电)局	bureau de poste
公用电话	téléphone public
商务中心	centre d'affaires ou *business center* (dans un hôtel)
问讯处	bureau des renseignements
出租汽车(站)	(station de) taxis
火车站	gare (ferroviaire)
公共汽车(站)	(arrêt de) bus
地铁(站)	(station de) métro
候车室	salle d'attente (dans une gare ferroviaire ou routière)
侯机室	salle d'attente (dans un aéroport)
机场费	taxe d'aéroport
行李检查	contrôle des bagages
行李托运处	guichet d'enregistrement des bagages

Hôpital

医院	hôpital
门诊部	service des consultations
急诊室	service des urgences
挂号处	service des admissions
药方	ordonnance
药房	pharmacie
服用方法	posologie, mode d'emploi

发音指南 – Guide de prononciation

La prononciation standard du chinois est fondée sur un dialecte servant de référence : le 普通话 pǔtōnghuà « langue commune », également appelé « mandarin ».

Cette prononciation s'apprend grâce au pinyin : système de transcription phonétique utilisant l'alphabet mais qui possède ses propres règles de prononciation.

Le pinyin associe des voyelles et des consonnes pour former des syllabes prononcées à un certain ton.

Les voyelles

Les voyelles peuvent se trouver seules (**a**, **e**, etc.), combinées entre elles (**ai**, **ao**, etc.), ou combinées avec des consonnes pour exprimer la nasalité (**an**, **en**, **ang**, **eng**, etc.).

Voyelles seules ou combinées entre elles

Voyelle(s)	Exemple en pinyin	Prononciation
a	b**a**b**a**, m**a**m**a**	comme le **a** de « m**a** », « t**a** », « s**a** »
ai	t**ai**, z**ai**	**aille** de « p**aille** » mais très bref et sans prononcer le **e** final, presque comme **a** avec un **i** bref
ao	h**ao**, zh**ao**	**a** et **o** ouvert de « f**o**rt », très bref, comme dans « **ao**rte »
e	ch**e**, h**e**, g**e**	**eu** de « b**eu**rre » mais très ouvert
ei	b**ei**, g**ei**, sh**ei**, f**ei**	**eille** de « bout**eille** » mais très bref et sans prononcer le **e** final, presque comme **é** avec le **i** bref
i	n**i**, d**i**d**i**, feij**i**	comme le **i** de « **i**r**i**s », « rad**i**s »
i	z**i**, c**i**, s**i**, zh**i**, ch**i**, sh**i**, r**i**	après **z**, **c**, **s**, **zh**, **ch**, **sh** et **r** : aide uniquement à la prononciation de ces consonnes, sorte de **e** muet
ia	j**ia**, x**ia**	comme le **i** et le **a** de « d**ia**mant »
iao	b**iao**, p**iao**, **yao**	**i** avec le **a** et le **o** ouvert et très bref
ie	b**ie**, x**ie**, **ye**	**yé** de « **yé**ti »
iu	l**iu**, j**iu**	**i** avec le **o** et le **ou** de « n**ou**s » très bref

N.B.

• y remplace i en première lettre d'un terme du pinyin s'il n'y a pas de consonne devant. Exemple : yao ou ye.

• y est ajouté devant i quand i est seul. Exemple : yi.

o	m**o**yim**o**, map**o**	**o** de « m**o**t »
ou	d**ou**, z**ou**	**o** de « m**o**t » et le **ou** de « n**ou**s » très bref
u	b**u**, zh**u**	**ou** de « n**ou**s »
ua	g**ua**, h**ua**	**ou** et le **a** de « **oua**te »
uo	sh**uo**, c**uo**, **wo**	**ou** de « n**ou**s » et le **o** de « m**o**t »
uai	k**uai**, **wai**	**ou** de « n**ou**s » et le **aille** de « p**aille** » bref
ui	d**ui**, g**ui**, z**ui**	**ou** de « n**ou**s » et le **é** de « bl**é** »

N.B. w remplace u en première lettre d'un terme du pinyin s'il n'y a pas de consonne devant. Exemple : wo, wai.

ü	l**ü**, n**ü**, j**u**, q**u**, x**u**, y**u**	**u** de « men**u** »
üe	l**üe**, n**üe**, j**ue**, q**ue**, x**ue**, y**ue**	**ué** de « b**ué**e »

N.B.

• ü et üe ne peuvent se trouver qu'après n, l, j, q et x.

• u, ü et üe peuvent se trouver après n et l, mais seuls ü et üe peuvent se trouver après j, q et x. C'est pourquoi on ne met pas le ¨ quand ü et üe sont placés après j, q ou x. Exemples : ju, jue, qu, que, xu, xue.

• yu remplace ü et yue remplace üe au début d'un terme du pinyin s'il n'y a pas de consonne devant.

Voyelles combinées avec n et ng pour exprimer la nasalité (plus forte avec ng)

Voyelle(s)	Exemple en pinyin	Prononciation
an	f**an**, m**an**	**ane** de « c**ane** » mais **n** peu accentué
ang	zh**ang**, sh**ang**	**an** de « r**ang** » très nasalisé et le **g** que l'on amorce sans le prononcer (simple mouvement de la langue)
en	r**en**, h**en**	entre **eun** de « **jeun**e » et **èn** de « sc**èn**e »
eng	d**eng**, n**eng**	**eun** de « **jeun**e » très nasalisé et le **g** que l'on amorce sans le prononcer (simple mouvement de la langue)
in	n**in**, j**in**, x**in**	**ine** de « f**ine** » mais le **n** peu accentué
ian	t**ian**, n**ian**, q**ian**	**yèn** de « h**yèn**e » mais le **n** peu accentué
iang	l**iang**, x**iang**	**ian** de « r**ian**t » très nasalisé et le **g** que l'on amorce sans le prononcer (simple mouvement de la langue)
ing	m**ing**, q**ing**, x**ing**	**ing** de « p**ing** -pong » mais le **g** est amorcé sans être prononcé (simple mouvement de la langue)

iong	**yong**, q**iong**, x**iong**	**ion** de « l**ion** » et le **g** que l'on amorce sans le prononcer (simple mouvement de la langue)
ong	t**ong**, c**ong**, h**ong**	**ong** de « ping-p**ong** » mais le **g** est amorcé sans être prononcé (simple mouvement de la langue)
uan	s**uan**, h**uan**, **wan**	**ou** de « n**ou**s » et le **ane** de « c**ane** » avec le **n** léger
un	l**un**, ch**un**, zh**un**	**ou** de « n**ou**s » et le **eun** de « j**eun**e » mais très léger
uang	h**uang**, zh**uang**, **wang**	**ou** avec le **an** de « r**an**g » très nasalisé et le **g** que l'on amorce sans le prononcer (mouvement de la langue)
üan	**yuan**, q**uan**, x**uan**	**u** de « men**u** » et le **èn** de « sc**èn**e »
ün	**yun**, j**un**, q**un**	**une** de « l**une** » avec le **n** léger

N.B.

• y remplace i, yu remplace ü, et w remplace u en première lettre d'un terme du pinyin s'il n'y a pas de consonne devant. Exemples : yong, yuan, yun, wan.

• y est ajouté devant in et ing au début d'un terme du pinyin s'il n'y a pas de consonne devant. Exemples : yin, ying.

Les consonnes

Certaines consonnes du pinyin se prononcent pratiquement de la même façon que les consonnes correspondantes du français.

D'autres se prononcent de façon très différente, ou ressemblent aux prononciations combinées de plusieurs consonnes du français.

La position de la langue dans la bouche est toujours très importante.

Consonne(s)	Exemple en pinyin	Prononciation
b	**b**ai, **b**ei	entre le **b** de « **b**as » et le **p** de « **p**as »
p	**p**ao, **p**ang	consonne aspirée, comme le **p** de « **p**as » mais bref, explosif, en expirant beaucoup d'air
m	**m**a, **m**ei, **m**ing	comme le **m** de « **m**a », « **m**on »
f	**f**an, **f**eng	comme le **f** de « **f**ort »
d	**d**a, **d**ou, **d**uo	entre le **d** de « **d**on » et le **t** de « **t**on »
t	**t**a, **t**ai, **t**ian	consonne aspirée, comme le **t** de « **t**on » mais bref, explosif, en expirant beaucoup d'air
n	**n**a, **n**ü, **n**ian	comme le **n** de « **n**os », « **n**ous »
l	**l**ai, **l**ei, **l**iang	comme le **l** de « **l**e », « **l**a »
z	**z**i, **z**ai, **z**uo	combinaison du **d** et du **z**
c	**c**i, **c**ai, **c**uo	combinaison du **t** et du **s** de « **ts**ar » mais bref, explosif, en expirant beaucoup d'air
s	**s**i, **s**ui, **s**uan	comme le **s** de « **s**a », « **s**on »

Pour les quatre consonnes suivantes, la pointe de la langue est retournée, dirigée vers l'arrière de la bouche.

zh	**zh**ao, **zh**ong, **zh**u	combinaison du **d** et du **j** de « **dj**inn »
ch	**ch**e, **ch**i, **ch**ang	consonne aspirée, comme le **t** et le **ch** de « **tch**èque » mais bref, explosif, en expirant beaucoup d'air
sh	**sh**i, **sh**ei, **sh**eng	comme le **ch** de « **ch**at », « **ch**ien »
r	**r**e, **r**i, **r**ong	proche du **j** de « **j**e » mais très guttural, en avançant la mâchoire inférieure vers l'avant

Pour les trois consonnes suivantes, la langue n'intervient pas.

j	**j**ia, **j**iao, **j**ian	combinaison du **t** et du **j** avec le **j** bref et léger
q	**q**i, **q**ian, **q**u	consonne aspirée, comme la combinaison **t** et **ch** de « **tch**èque » mais très explosif, en expirant beaucoup d'air, et chuintant
x	**x**iao, **x**in, **x**ue	entre le **s** et le **ch** mais très chuintant

Pour les trois consonnes suivantes, la langue est en position arrière et basse.

g	**g**e, **g**ei, **g**ui	entre le **g** de « **g**are » et le **c** de « **c**ar »
k	**k**ai, **k**an, **k**uai	consonne aspirée, comme le **c** de « **c**ar » mais bref, en expirant beaucoup d'air
h	**h**e, **h**ai, **h**ao	proche du **r** de « **r**ail » mais sans rouler le **r** et en expirant beaucoup d'air

Les tons

La langue chinoise est une langue tonale. Le mandarin compte quatre tons et un ton neutre. Toute syllabe (tout caractère) comporte un ton. Deux syllabes identiques, prononcées à deux tons différents, correspondent généralement à deux caractères distincts.
Par exemple : tang au premier ton correspond au caractère signifiant « soupe » mais correspond à « sucre » quand elle est prononcée au deuxième ton.

Rassurez-vous, bien prononcer les tons nécessite de travailler mais n'impose pas de changer de voix !

Les tons sont signalés sur les termes du pinyin par des accents généralement placés sur les voyelles, sur la voyelle « dominante » lorsqu'il y en a plusieurs (nǐ, hǎo, guó).

ˉ 1er ton : plat. La voix est haute et reste à cette hauteur, sans monter ni descendre.
ˊ 2e ton : montant. La voix part d'assez bas et monte haut.
ˇ 3e ton : descendant puis remontant. La voix descend bas puis remonte.
ˋ 4e ton : descendant. La voix part du haut et descend rapidement très bas.

Les tons sont représentés par les flèches du graphique ci-dessous. L'échelle graduée représente la hauteur de la voix, du plus haut (5) au plus bas (1).

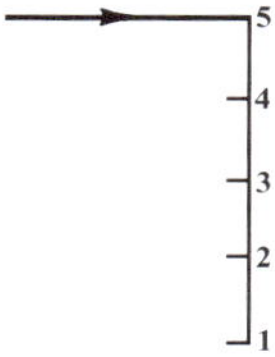

1er ton

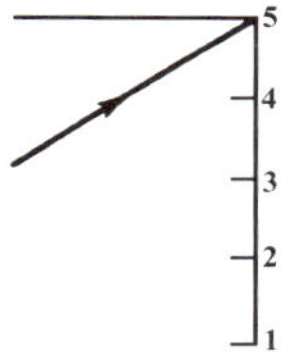

2^{e} ton

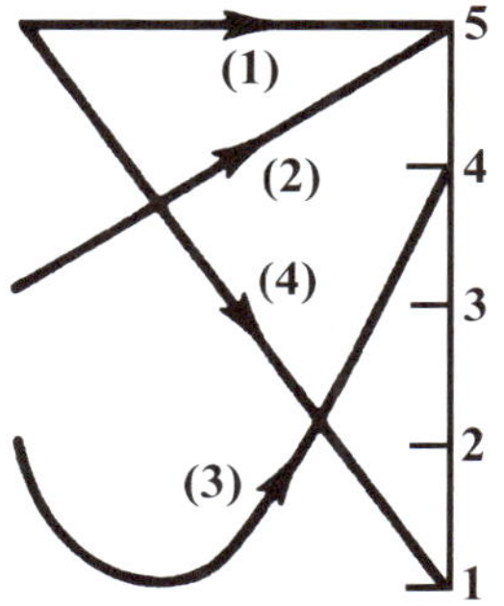

Les 4 tons

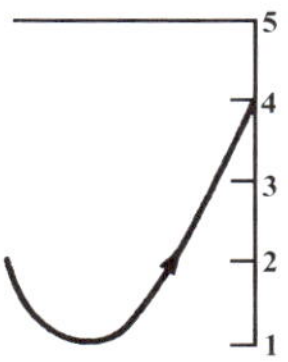

3e ton

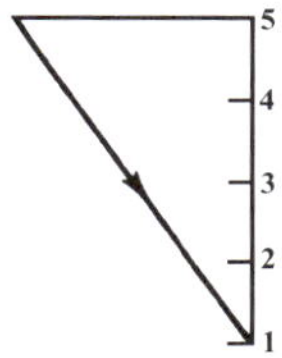

4e ton

Aidez-vous des conseils suivants pour vous entraîner à prononcer les quatre tons :

- Tenez haut et de façon continue, pendant quelques secondes, le premier ton.
- Haussez les sourcils et redressez la tête en prononçant le deuxième ton.
- Baissez puis relevez la tête en prononçant le troisième ton.
- Baissez brusquement la tête ou tapez du pied en prononçant le quatrième ton.

L'absence d'accent sur une syllabe marque le ton neutre. Il s'agit généralement des secondes syllabes de mots dissyllabiques. Elles se prononcent sur un ton plus léger.

Changements de tons :

a. Quand deux 3e tons se suivent, le premier devient un 2e ton.
Exemple : nǐ hǎo « bonjour » se prononce en réalité ní hǎo.

b. Quand trois 3e tons se suivent, les deux premiers deviennent des 2e tons.
Exemple : wǒ yě hǎo « je vais bien, moi aussi » se prononce en réalité wó yé hǎo.

部首目录 – Index des clés

Cet index vous indique la première occurrence de chaque clé.
Souvenez-vous que les clés sont indispensables pour classer les caractères dans un dictionnaire, mais qu'elles ne comportent pas nécessairement de signification, comme certaines des clés à un ou deux traits présentées ci-dessous.

丶 一 丨 丿 乛 乙 乁 乚 几 𠂆 匚 卜 冂 厂 乂 勹 凵 厶

1 trait

2 traits

3 traits

4 traits

5 traits

6 traits

7 traits

8 traits et plus

汉法词汇 – Lexique chinois-français

Ce lexique chinois-français vous donne les significations des termes en contexte.
Nous vous indiquons la première occurrence de chaque terme.
Les caractères sont classés par clés et par nombre de traits croissant.
Viennent ainsi, en premier, les caractères dont la clé est formée par un trait.
Les mots composés de plusieurs caractères, ayant en commun le même premier caractère, sont classés par nombre de traits croissant du deuxième caractère.
Par exemple : 东方 (quatre traits pour former le second caractère) est classé avant 东北 (cinq traits) qui précède ainsi 东南 (neuf traits).

1 trait

2 traits

3 traits

4 traits

5 traits

6 traits

7 traits

8 traits et plus

法汉词汇 – Lexique français-chinois

Ce lexique français-chinois vous donne les significations des termes en contexte. Nous vous indiquons la première occurrence de chaque terme.

A

à, en
在 86

adresse
地址 98

adresser, expédier
寄 98

adulte
大人 40

agence de voyages
旅行社 88

agréable à entendre
好听 41

aimer (bien)
喜欢 85

air
气 41

alcool
酒 72

aller
去 85

aller au travail
上班 85

ami
朋友 110

amour, aimer
爱 16

an, année
年 44

anniversaire
生日 54

apercevoir
看见 43

appareil électrique, électroménager
电器 90

après-midi
下午 71

arrière, derrière
后 31

arriver, arrivée
到达 88

arriver, jusqu'à
到 85

ascenseur
电梯 61

asseoir (s')
坐 14

attention (faire...)
小心 40

aujourd'hui
今天 113

autoriser, permettre
准 89

aviation, par avion (lettre)
航空 95

avoir
有 54

B

bagage
行李 88

baiser
吻 22

banque
银行 70

bar
酒吧 72

bâtiment, maison
楼 60

beau
美 65

beaucoup, nombreux
多 136

C

D

E

Q

R

S

T

U

V

Y

Z

参考书目 – Bibliographie

Pour approfondir vos connaissances de l'écriture chinoise, nous vous invitons à consulter cette liste non exhaustive de livres, de sites internet et de logiciels. N'oubliez pas de vous informer également sur les cours, les séminaires et les cycles de formation qui pourraient être proposés près de chez vous.

Livres

Apprentissage de la langue écrite

- ALLETON (V), *L'Écriture chinoise*, Éd. PUF, Coll. « Que sais-je ? » n° 1374, Paris, 2002.
- MOREL (P), *Les 214 clés de l'Écriture chinoise*, Éd. You Feng, Paris, 1997.
- MOREL (P), *Le Champ du Signe (étymologie et analyse d'un millier de caractères chinois)*, Éd. You Feng, Paris, 2005.
- FAZZIOLI (E), *Caractères chinois (du dessin à l'idée, 214 clés pour comprendre la Chine)*, Éd. Flammarion, Paris, 1987.
- BILLETER (J-F), *L'Art chinois de l'Écriture*, Éd. Skira, Genève, 1989.

Dictionnaires

- *Dictionnaire concis français-chinois/chinois-français*, Éd. Larousse - La Presse commerciale, Paris, 2000.
- *Dictionnaire français-chinois en images*, Éd. La Presse commerciale, Pékin, 2000.

Sites internet

- www.chine-nouvelle.com : Dictionnaire en ligne.
- www.lechinois.com : De nombreuses informations pour apprendre le chinois.
- www.ramou.net : Textes en chinois annotés avec traduction et pinyin.
- www.cctv.com : Chaîne de télévision chinoise en ligne.

Vous pouvez encore découvrir de nombreux sites en utilisant, par exemple, un moteur de recherche sur les thèmes « écriture chinoise » ou « caractères chinois ».

Logiciels

L'éditeur de méthode d'entrée (IME) de Windows® permet de saisir du texte en chinois.

Il existe également divers logiciels de traitement de texte ou d'apprentissage des caractères chinois tels que NJStar®, Chinese Star®, Chinese Partner® ou Wenlin®.

Achevé d'imprimer en Janvier 2006
par G. Canale & C. S.p.A. (Italie) - N° de projet : 11002221